Líber González

MANIFIESTO POR LA IZQUIERDA LIBERTARIA
Alternativa para la izquierda
BEST
amazon.com
SELLER
LÍBER GONZÁLEZ
TF
| EDITORIAL |

Líber González

Manifiesto por la izquierda libertaria

Alternativa para la izquierda

Manifiesto por la izquierda libertaria. Alternativa para la izquierda.

Editado por Punto y Seguido Consultoría ® para
Editorial TPM.

Responsable de la edición: Luis Alberto García.
Diseño de portada: Carol Navarro, Líber González.

info@puntoyseguidoconsultoria.com

Ciudad de México, mayo 2020.

Líber González

Manifiesto por la izquierda libertaria

Alternativa para la izquierda

| EDITORIAL |

Líber González

A la humanidad entera

Quiero agradecer a mis mejores amigos por motivarme a que este libro fuera escrito, y fundamentalmente a mis padres, Pedro y Alejandra, ya que sin ellos jamás hubiera estado en los hombros de los gigantes que inspiraron este libro.

De corazón, gracias.

Índice

Líber González

Prefacio

«Mirar cara a cara a la catástrofe y enfrentarse al modo en que uno puede verse envuelto en ella es algo útil en todo caso; equivale a unas maniobras militares en el campo del espíritu, a unos ejercicios espirituales. El miedo disminuirá si abordamos este asunto como es debido, y eso representa ya un primer paso hacia la seguridad, un paso importante. Tiene no solo efectos curativos, sino también efectos preventivos sobre la persona, pues en la misma medida en que disminuye en las personas singulares el miedo, en esa misma medida decrece la probabilidad de la catástrofe».[1]

Ernst Jünger, *La emboscadura*.

La humanidad debería ya haber aprendido que no hay panaceas para el mundo y que debe mirar con sospecha a aquellos que prometan la vuelta al Edén. Para el regreso al Reino de los Cielos se necesita del Apocalipsis, el cual no puede ser llevado a cabo por humanos. Cada vez que intentamos construir la utopía, el intento serio requiere de arbitrios y violencia que simplemente acaban con la utopía antes de que pueda efectivamente vislumbrarse. Incluso el Apocalipsis se profetizó como un genocidio al que solo 144,000 elegidos sobrevivirían para entrar al reino de los cielos. Escribo con la esperanza de que esta enseñanza de la historia, así como el mito, sean recordados al menos en estos tiempos que no prometen mucho más que incertidumbre.

El futuro es incierto en cuanto a la cuestión ecológica, el desarrollo tecnológico y sus implicaciones, el futuro del Estado, el papel de los superricos, las insurrecciones que desafiarán al capitalismo, el coronavirus, etcétera.

El presente manifiesto no pretende ser el manual contra la catástrofe ni la nueva profecía. Es, más bien, una invitación a pensar y repensar. La izquierda se quedó ya muy atrás y los gobiernos del mundo, indistintamente de la posición en la que pretendan estar, nos conducen a la tiranía privada y a la discrecionalidad estatal.

El Leviatán se agranda conforme la sociedad se hace más rica. Hasta ahora, el Estado ha sido indispensable para la funcionalidad de la sociedad, principalmente porque ha sido el encargado de la observación y sanción de las normas. Además, fue una institución inherente a la maduración del capitalismo, el sistema que incentivó el desarrollo de la técnica como nunca en la historia, de modo que la mayoría de la humanidad se ha visto beneficiada.

Cuando uno cuestiona al Estado, debe partirse de la parte central de este: la noción de poder. El poder se refiere a la *capacidad de hacer y hacer que otros hagan*. Esta última parte -*hacer que otros hagan*- incomoda, pero al final esta parte de la noción tiene incluida a la primera parte: hacer. Sin el Estado, no hubiera sido posible hacer que ciertas cosas fueran hechas: la sujeción a una misma moneda y jurisdicción en un territorio, la sanción de los que violan los derechos, atender pandemias, ofrecer seguridad ante el mercado y ante otros Estados, etcétera.

En suma, el poder no se trata simplemente de dominar a otros y a uno mismo, sino de hacer cumplir ciertos objetivos. Esto también aplica para el Estado: su función no es simplemente dominar a sus ciudadanos, sino también proporcionar seguridad social y sancionar a los que violan derechos. La argumentación anterior no debe entenderse como una invitación a aceptar al Estado, sino a entender la importancia de sus funciones. Si se quiere combatir al Estado, es necesario pensar en alternativas. Por cada negación, al menos una afirmación.

El comunismo fracasó: no trajo el paraíso. No se trata de una falla en su aplicación, ni de que «eso no fue verdadero comunismo». Como dijo Zizek: «Hay errores desde sus partes fundamentales». Es una ideología inherentemente totalitaria, pues la abolición de clases -como veremos más adelante- no puede darse sin arbitrio inimaginable, e incluso ese arbitrio genera dos castas: el árbitro y el arbitrado. Sin duda, el temor contra este fue parte de legislaciones que mejoraron la vida de las personas. Sindicatos y demás organizaciones adheridas a la Izquierda ortodoxa han hecho lo que grupos de otro tipo no han tenido la voluntad o fuerza de hacer: luchar por poblaciones marginadas, hacer huelgas, cooperativas, etcétera. Quienes están en esos grupos conocen mucho mejor que yo sus logros que, aunque sean pequeños, hacen la diferencia para las personas beneficiadas.

La nueva izquierda ha logrado la revolución sexual sin tener que iniciar una guerra civil. Tampoco se está diciendo que fue del todo pacífica, porque el reconocimiento de la dignidad de las mujeres y los homosexuales no ha podido ser conseguido con una solicitud amable. Esta cuestión de la dignidad la hallamos también en el independentismo del siglo XX y en los movimientos.

Esta nueva izquierda tiene muchas formas que se mezclan tanto con la Izquierda ortodoxa como con la socialdemocracia, y es a esta última donde ha encontrado el mejor nicho para su florecimiento y actuación. Sin embargo, hay una confluencia en estas dos alternativas: el deseo de alimentar al Leviatán. Espero que el neoizquierdista pueda convencerse de los inconvenientes de hacerlo crecer. Esta tendencia estatista se relaciona con una tendencia más autoritaria en algunos fundamentos de la nueva izquierda, que han sido conservados todavía por algunos grupos minoritarios. Por ejemplo, el feminismo de género, fundado por Simone de Beauvoir, negaba que las mujeres puedan tener ciertas libertades de decisión por haber sido condicionadas por una sociedad patriarcal, o sea, debe dirigirse a las mujeres para que tomen las decisiones correctas. Esto se relaciona directamente con la Izquierda ortodoxa, que considera que los intelectuales deben dirigir la sociedad (la Revolución de Lenin fue la primera revolución de los intelectuales). Se ahondará en esta cuestión posteriormente.

Además, las políticas identitarias en general no hacen mucho más que socavar la cooperación entre esas identidades, aunque tengan objetivos políticos similares, pues el enfoque en la victimización hace culpables a las identidades y no solo a los individuos. «El obrero también viola» es una frase que contiene una trivialidad, porque en efecto hay gente que viola y pertenece a la clase trabajadora, pero su contenido sirve para justificar el separatismo. En suma, la nueva izquierda es incapaz de cambiar la realidad económica por sí misma.

Y por último, veamos a ese sistema que ha dado al mundo más que cualquier otro. El capitalismo es resultado de la superación de la enemistad con el comercio que tuvo principalmente el catolicismo. La introducción del dinero como unidad contable comenzó a racionalizar la vida diaria, empezando por la contabilidad de partida doble y la contabilización de pérdidas y ganancias. Y así, poco a poco el dinero fue dándole valor monetario a cada vez más cosas, hasta que se pudo comerciar con la tierra y el trabajo. El espíritu empresarial que acompañó a la moneda terminó por socavar también los privilegios de los estamentos hasta que estos desaparecieron y llegaron las clases sociales. El mercado es el motor de la sociedad abierta. Nuevamente, estamos en una cuestión descriptiva que debemos aceptar para entender el suelo en el que estamos parados.

El elemento que termina por definir al capitalismo, más allá del dinero, el ánimo de lucro, la rivalidad capital-fuerza de trabajo y el mercado, es el trabajo asalariado. Sin el trabajo asalariado no hay capitalismo. Entonces, para abolir al capitalismo ¿debemos prohibir el trabajo asalariado? No. El trabajo asalariado debe ser relegado gradualmente por el trabajo cooperativo y el trabajo vernáculo. Veremos también el por qué simplemente es irrealista aspirar a abolir el trabajo asalariado, además de profundamente pernicioso para la vida de todos.

Agradezco que tomes la atención de este texto, y que además de ser una pequeña guía de acción, sea una guía de pensamiento para que todos podamos aportar a la construcción de un futuro que habíamos dejado de imaginar, pero no hay que aspirar a soñar, sino a *hacer* y ver nuestra obra hecha realidad.

¿Por qué Izquierda libertaria?

«Ningún Estado, por democráticas que sean sus formas, ni siquiera la república más roja, podrá dar jamás al pueblo lo que realmente quiere, a saber, la libre organización y administración de sus propios intereses, sin ninguna injerencia o violencia ejercidas desde instancias superiores, pues todo Estado, incluso el Estado pseudopopular concebido por el señor Marx, es en esencia una maquinaria para someter a la masa a una minoría privilegiada superior de intelectuales engreídos, que creen comprender los verdaderos intereses del pueblo mejor que el pueblo mismo [...]».

Bakunin

El socialismo es un concepto que está ya muy viciado. Además, ha quedado muy desvirtuado desde la práctica hasta la teoría. El Estado nunca ha salvado al pueblo. Si acaso le ha permitido encontrar su propia salvación otorgando cierta dosis de libertad. Venezuela, Cuba, la URSS, etcétera, son ejemplos de lo que un izquierdista debe evitar para poder construir una sociedad libre. Hoy, lo que se necesita son alternativas, por eso la postura aquí expuesta es más que una prolongación de la izquierda libertaria. Este libro busca la construcción de una izquierda alternativa.

Libertad

La libertad aparece en la historia con diferentes ropajes: la propiedad y responsabilidad de sí mismo, el elegir la propia manera de administrar lo público, el goce privado o la libertad como capacidad. La libertad es *existencia, concordancia consciente con la existencia, y es el placer, sentido como destino, de hacerla realidad.*[1]

Sin embargo, abordaremos, por cuestiones de claridad, a la libertad como las libertades. Las libertades de uno dependen de las restricciones de otros. Por ejemplo, la libertad real de culto consiste en que uno pueda creer en lo que sea su voluntad y nadie pueda penalizarlo por eso. Las libertades pueden ser formales o reales. La libertad formal procede primeramente del derecho consuetudinario, las maneras aceptables de organizarnos y regularnos como sociedad. No se debe perder de vista que las libertades solo pueden aparecer en las sociedades, porque la libertad formal es una relación respecto a lo que es aceptable como comportamiento por la sociedad. Por otro lado, la libertad real puede resumirse simplemente como capacidad. Hoy, diversos grupos políticos simplifican el concepto con fines meramente discursivos. Ha triunfado la idea de que la mejor manera de garantizar las libertades es que en una república, bajo determinado marco jurídico, se otorguen libertades económicas y seguridad a la propiedad (libertad formal).

Marx nos dio desde el siglo XIX una objeción ante este orden que perdura con la idea de que *para lo único que la mayoría es libre es para vender su fuerza de trabajo* (apelando por la búsqueda de la libertad real, que es la capacidad, el *poder* hacer algo).

Aunque el orden de la libertad formal es benéfico, en la realidad los gobiernos han privilegiado a unos por encima de otros y terminan dándole dádivas y protección a los más ricos, quienes son también los patrocinadores de estos gobiernos. Se termina otorgando un poder excesivo a las grandes corporaciones, que llegan a ser tan poderosas (o incluso más) que un Estado, y subyugan el derecho a la privacidad, a formar parte de las decisiones legislativas, etcétera. Los «libertarios» de derecha suelen pensar sin darle importancia a estas cuestiones; llevan más lejos su lógica bajo el auspicio del paradigma productivista. Esto se agrava si esos «defensores de la libertad» son conservadores y pasan su tiempo quejándose de «la degeneración», «el marxismo cultural», etcétera. El privilegio para unos y la inmovilidad social para otros termina en el atropello a las libertades por medio de las regulaciones, el amiguismo, la escolarización, la venta de armas, el espionaje (Google, por ejemplo), etcétera. Lo real imita a lo ideal. El capitalismo liberal siempre ha dicho tener individuos iguales jurídicamente, aunque los hechos históricos prueban que incluso en esto hemos sido engañados. Por otro lado, la tradición del socialismo estatista miente sobre su libertad. Se dice que se ha de liberar al proletariado de la burguesía.

Si el capitalismo se entiende como la explotación del hombre por el hombre, entonces los socialistas son ilusos al creer que con ellos será diferente. Será la explotación del hombre por el hombre por medio del Estado y en nombre de la igualdad. La libertad que defendemos es el ser libres de la manipulación, de la tiranía, sea estatal o privada, tener la libertad para hacer lo que el individuo quiera en una sociedad autogestionada y curada del presente liberticida en que vivimos. Cabe aclarar que esta solo puede venir con un profundo cambio en la sociedad. No puede ocurrir simplemente con el uso de la legislación o la tiranía, pues los cambios históricos siempre han sido impersonales: no hubo inteligencia ni profeta que impusiera la sociedad feudal ni la capitalista. Esto no quiere decir que, aunque no fuera la intención, imponer las condiciones para nuevas formas de organización o determinantes acciones que guiaron la historia no hayan sido violentas ni organizadas. No se puede esperar la libertad de las personas simplemente por medio de la liberación del mercado. Es innegable que, durante los tiempos del capitalismo, nuestra calidad de vida ha mejorado. De hecho, fue el ánimo comercial lo que impulsó el salto de la tecnología cuando el feudalismo se quebró. Pero aquí hay tres cosas importantes a considerar:

- También el socialismo soviético lo hizo. Salió de una forma arcaica de organización y se industrializó rápidamente (a mera punta de pistola, pero lo hizo).

- Hemos pagado un alto precio por permitir que haya sido el capitalismo el que haya tomado las riendas del progreso tecnológico y hemos permitido que nuestra vida se encuentre regulada más que nunca en la historia.

- El progreso se dio en los tiempos del capitalismo. Algunos, a pesar de este, y muchos otros gracias a él. Han sido los hombres en libertad intercambiando e innovando libremente los que han hecho posible el progreso material, pero somos engañados en el momento en el que nos dicen que el capitalismo se trata de libre mercado, cuando en ningún momento histórico del capitalismo real ha habido libre mercado. En efecto, el capitalismo es una sociedad comercial, pero cada vez más sujeta al arbitrio, según ha avanzado el tiempo. Más adelante veremos qué es capitalismo, pero debemos recordar que no se trata de libre mercado (que es una aspiración irrealista), ni siquiera es alguna de sus características.

La cuestión fundamental para las posiciones políticas es lo que cada quién valore. Por ejemplo, consideramos valioso que las personas sean libres, auténticas, espontáneas, sinceras, progresistas y solidarias; algunos social-estatistas valoran lo mismo, pero se equivocan en sus medios para construir una sociedad libre. Las ideas del social-estatismo se construyen contrarias a las libertades y exigen obediencia. También puede ser que valoren la opresión estatal, la devoción, la venganza y quieran aprovecharse de los resentimientos para fines políticos. El liberal capitalista quizás persiga la implantación de valores que encaucen la voluntad de las personas, pero se equivoca si piensa que un reformismo para la libertad económica ayudará a fomentar esos valores. Normalmente, los derechistas valoran la jerarquía, la manipulación hacia el otro y le dan poca importancia a la lenta movilidad social.[2]

Capítulo 1
La revolución será libre y global, o no lo será ni durará

Las grandes corporaciones son liberticidas, aunque nos vendan que son un producto de la libertad y que nos benefician a todos. No sorprende que, de repente, haya un *boom* «libertario» derechista en occidente. Un conjunto de apologistas del libre mercado está ascendiendo y destruyendo a la vieja y «nueva» izquierda en el campo del debate, y podrían llegar a hacerlo en el práctico. Ayer, el neoliberalismo era el cáncer de los pueblos; hoy la derecha dice que aquello que pasó en Latinoamérica no era liberalismo de verdad, y llegan incluso a decir que eso no era capitalismo. No es de sorprender que se trate de aplastar cualquier rastro de democracia, de aplastar cualquier herramienta que tenga la gente para oponerse a las élites dominantes. Promueven sistemas jerárquicos en los que los trabajadores se encuentran cada vez menos empoderados y protegidos ante la organización de la estructura corporativa. Muchos defienden esto y se dicen liberales, cuando en verdad los liberales fundadores se hubiesen opuesto a eso. Hoy cualquiera se puede nombrar liberal, incluso Alberto Fernández o Agustín Laje. Liberalismo es en América un concepto que no vale la pena ser defendido por su gran cantidad de significados. Hoy tenemos la oportunidad de luchar para que «libertarismo» englobe lo que originalmente englobaba «liberalismo» y «anarquismo».

En el capitalismo, la defensa de las libertades ha degenerado en la defensa de la libertad de mercado, aunque no pasa del campo discursivo, pues es solo ahí donde hay tal libertad. Si el capitalismo tratase de libertad, o al menos de libertad de mercado, entonces jamás ha habido capitalismo. La libertad es el instrumento discursivo-ideológico perfecto. La cuestión es: «¿Para qué somos libres?». La Alemania nazi era «libre de los judíos» discursivamente. No obstante, era un país fuertemente estatizado y restrictivo. Un «anarcocapitalismo» liberaría a los hombres de los impuestos y las restricciones estatales para jugar un papel en el campo de la economía, pero también dejaría al hombre a merced de la verticalidad que aquel sistema, sin duda, profundizaría; la libertad real se vería socavada.

Los soviéticos eran «libres de los burgueses», pero esclavos de una élite burocrática. Hoy en el mundo tenemos varias libertades coartadas; algunos empresarios aprovechan su influencia para comprar políticos y demás funcionarios. La «democracia» es en realidad «representativismo». En todo el país hay intervenciones económicas hechas para privilegiar a élites empresariales (TLCAN, TTP) o violaciones a la privacidad, etcétera. Podría continuar con un sinnúmero de ejemplos de lo vulneradas que están nuestras libertades.

Occidente ha encontrado la perfecta forma de dictadura en la representatividad haciéndola pasar por democracia. Se han desvirtuado valores, como el poder para la gente, las libertades o el consenso, y se ha degenerado en la cesión de responsabilidades ciudadanas, manipulación que nos da una misma opción en diferentes presentaciones de colores y acrónimos.

El propósito de la presente obra es desarrollar una crítica al mundo en el que vivimos y esbozar una estrategia global para los libertarios de este mundo. Hasta Rothbard, un fanático del capitalismo se oponía al imperialismo estadounidense,[1] mientras sus parientes ideológicos, como Friedman, servían como intelectuales del privilegio corporativo.

El triunfo del capitalismo y la derrota de la humanidad

«Supone que la globalización puede ser una «fuerza positiva» para los pobres, siempre y cuando los organismos internacionales se regeneren (¡cómo no!): «quienes vilipendian la globalización muy seguido pasan por alto sus beneficios». ¿Cuáles? Beneficios existen y a raudales para el G7, extensivo al G10/11. ¿Y los demás?».[2]

Alfredo Jalife
Rahme sobre *Cómo hacer*
que funcione la
globalización de Joseph
Stiglitz

Cuando alguien dice que el capitalismo es lo único que funciona nos da tres posibilidades: es un ignorante, un mentiroso o alguien que cree en este absoluto por alguna razón. Alguien podría ser un derechista respetable estando consciente de las muchas maneras en las que el mundo se ha podido organizar, pero quizás es un político o un mercenario ideológico que necesita totalizar la validez capitalista, o sea que de la idea de que el capitalismo abarca por completo a las posibilidades sociales funcionales. Aquí podemos encontrar a Fukuyama, innumerables opinadores a sueldo en el mundo y gente que gusta de difundir tal idea porque le beneficia políticamente, más que por tener más dinero en la cuenta bancaria, pero también puede ser una persona que se haya engañado y fanatizado con la idea del capitalismo llegando a sostener como argumento el hecho de que el capitalismo nos ha traído un gran progreso material que se traduce en mayores esperanzas de vida, más cosas disponibles para que sean compradas, menos enfermedades, tecnología, etcétera. ¡Qué bueno que bajo el capitalismo haya habido progreso! Siquiera eso ha aportado al desarrollo histórico y material, pero no hay que olvidar que la Unión Soviética también hizo todo eso. Y no es por defender ni tener nostalgia por un modelo tiránico y anacrónico. Podemos tener sociedades mucho mejores, así como mucho peores.

La derrota de la humanidad y el triunfo del capitalismo se resume en su explicación como sistema mundial: unas pocas personas con poderes y libertades casi ilimitadas conseguidas por medio de la capitalización del trabajo, de una mayoría indispensable para sostener al mundo que está debilitada por una falta de democracia, salarios devorados por impuestos que van a parar al fondo de privilegios de los ricos, mientras se incrementa diariamente un ecocidio… y así el capitalismo se vuelve cada vez más insostenible.

El fracaso del social-estatismo

Quizás con cierta legitimidad se pueda decir que la Unión Soviética es el más grande logro de la izquierda. De ser eso cierto, también le podríamos llamar su más grande fracaso pues, así como el capitalismo ha fallado desde el siglo XIX en su palabra de darnos una sociedad de igualdad y libertad, el socialismo falló de maneras más atroces en cuanto estas promesas. No podemos hablar de igualdad en un sistema donde el hombre sigue siendo siervo de otros (en el contexto social-estatista por medio del Estado, y en el capitalista por medio de los impuestos, la propiedad privada y una jerarquización social promovida por el Estado). Tampoco podemos hablar de muchas libertades en un contexto en el que hay centralización económica, pues restringe y viola las libertades reales y formales en nombre de la modelación de la sociedad utópica.

Esta tiranía estatal, provocada en parte por la planificación estatal (y los medios para imponerla), se refiere principalmente a la Unión Soviética, pero hay otros ejemplos en el siglo XX como Cuba y Corea del Norte. China es un caso diferente: aunque no ha dejado el autoritarismo, aceptó el mercado. Hoy, y desde hace mucho tiempo, no se puede decir que China tiene un modelo izquierdista por la estructura económica que ha promovido. No por esto deja de ser un país extremadamente estatizado: el gobierno controla gran parte de la vida de sus habitantes por medio de la censura, la vigilancia y la ingeniería social. China tiene un Estado omnipresente y es el país más rico y poderoso del mundo. Esto contradice a la idea liberal de que «mientras más libertad haya, más desarrollo habrá». No será para nada un lugar libre, pero sí un foco de poder, riqueza y opresión. Antes de la muerte de Mao, China tenía ya un modelo tiránico que, al seguir el dogma de la planificación y centralización estatal, provocó hambrunas que mataron a millones.[3]

La izquierda revolucionaria tiene que salirse del paradigma estatista de Lenin, quien, por medio de engaños y por su avidez de poder, centralizó las empresas (varias en control obrero antes del golpe bolchevique) en un Estado que decía ser de los obreros y para los obreros. Creer que una sociedad libre e igualitaria se puede conseguir por medio de la estatización de toda la vida diaria es el mayor engaño que ha sufrido la humanidad. Hasta la revolución rusa, el socialismo era entendido, muchas veces, como el control de las empresas por parte de los trabajadores. Después de ella, se entendió al socialismo como un sistema totalitario cuyo Estado centraliza y planifica la economía nacional.[4]

El autoritarismo como la perversión y la ruina de la izquierda

«Estoy tan lejos, como podría imaginarse, del viejo mantra que dice que el comunismo era una buena idea, pero que se corrompió por culpa de un totalitario perverso. No, los problemas están ya presentes en la versión original».

Zizek

Marx no era un anarquista ni un libertario, pero seguramente, al referirse a la dictadura del proletariado, no se refería a la dictadura de quienes se decían representantes del proletariado. Parece que tenía fe en que las predicciones anarquistas sobre la tiranía roja no se cumplirían. Eso no remueve el hecho de que tenía una visión en la que los burgueses serían eliminados de la sociedad.

Algunos plantean que Marx representa, de cierta forma, la ruina de la izquierda, pues juzgan erróneamente que fuera él quien hiciera del izquierdismo una posición política que pusiese al Estado tan al centro discursivo. Lo que puso al izquierdismo dominante en una corriente autoritaria fue el desarrollo de la Unión Soviética. Después del golpe de Estado que dio Lenin, suceso llamado «Revolución de Octubre», él se dedicó a socavar lo que la clase obrera había conseguido tras la dimisión del zar y el establecimiento del gobierno provisional. El más importante logro proletario fue el control obrero sobre las empresas por medio del Soviet. Al final, Lenin logra engañar al proletariado y termina haciendo de los soviets una extensión de su Estado totalitario.[5] En suma, Marx no arruinó la izquierda. Eso lo hicieron aquellos que se han dicho marxistas y divinizaron las ideas del pensador alemán.

Uno puede razonablemente concluir que, al final, Lenin y sus aliados solo querían el poder a toda costa. Aunque se había conseguido el control obrero, ellos buscaron y consiguieron el control sobre el obrero al centralizar y regular lo más que se pudiese con un Estado que se diría amigo de aquellos a quienes tiranizaba.

Lamentablemente, estos traidores y mentirosos proclamaron haber conseguido el socialismo, cuando en ese momento no hubiera sido justo nombrar así la dictadura que habían instaurado. Socialismo se seguía entendiendo como el control obrero sobre las empresas, cosa que no ocurrió en los territorios «revolucionarios». El significado de socialismo debe su vicio a que los mentirosos bolcheviques se apropiaron del término.

El siguiente territorio que cayó en las garras de trinos engañosos fue China, donde el dogmatismo causó hambrunas y atraso, por decir lo menos. Después en Cuba, por ambición de poder, Fidel Castro siguió los pasos estatistas y autoritarios al lado de Che Guevara. Pareciese que no pudieron vislumbrar algo mejor al sistema tiránico que impusieron, o lo más probable es que eran unos hombres sedientos de poder.

Hoy en día todavía tenemos a Venezuela, cuyo pueblo está en bancarrota, que nunca empoderó a sus habitantes, sino que los hizo dependientes del Estado. Bolivia tiene buenos números y es uno de los países que más crecen en el subcontinente,[6] pero creo que se haría un mejor trabajo si se desestatizase en favor del empoderamiento de los ciudadanos.

El autoritarismo representa la ruina de la izquierda. Nos da peores resultados sociales porque la sociedad comercial tendrá siempre mejor desarrollo que la sociedad clerical militar.[7] La libertad es superior a la obediencia.

La necesidad de un movimiento global (pero jamás un gobierno mundial).

Tomemos a Venezuela para ejemplificar: terminó en un desastre económico. La derecha nos lo vende como la invalidez de la izquierda; en tal caso, podemos tomar al mundo como el fracaso de la derecha hacia las mayorías. Así como en Venezuela algunos se han enriquecido por medio de la corrupción y el parasitismo estatal, en el mundo muchos se han enriquecido a costa del detrimento de las libertades de una mayoría, que, a diferencia de las mayorías de Venezuela, no necesariamente se ha empobrecido. Ahora tomemos a Estados Unidos: se mantiene en su posición con innumerables zurcidas en su sistema, más que nada con su poder, por medio de su ejército, sus alianzas con corporaciones y otros Estados en el mundo, mientras mantiene una deuda impagable consigo mismo.

Quizás Venezuela podría haberse mantenido estable y con un modelo popular entre sus habitantes si tuviera el poder que tiene, por ejemplo, Estados Unidos o China, otro ejemplo de la insostenibilidad a largo plazo. En casi todos los focos de poder del mundo, estos se mantienen por medio de una violencia de diferentes grados distribuida efectivamente en toda la sociedad, desde la dominación de los habitantes por medio de la escolarización hasta la desaparición de opositores.

Esto nos lleva a la conclusión de que si queremos un movimiento sociolibertario en el mundo tenemos que globalizarlo o al menos regionalizarlo. América del Sur representó una regionalización de social-estatismos. Se protegían bien, pero al final cayeron. Para esta clase de sucesos es necesario, si no aprovechar un *espíritu de la época* (*zeitgeist*), crear uno; aprovechar una tendencia de cambio de mente que es ya visible en varias partes del mundo.

Líber González

Capítulo 2
Enfermedad

«Todo hombre es como un hueso siempre ligado a otro. Juntos, los miembros forman un solo cuerpo y tienen un mismo origen. Si la vida causa dolor a un miembro, ninguno de los otros permanecerá indiferente. Si a ti no te provoca nada el dolor de los demás, no podremos llamarte ser humano».[1]

Sadi, poeta persa del siglo XII

«La fraternidad humana y la libertad son los únicos correctivos que hay que oponer a las enfermedades del organismo humano que conducen a lo que se llama crimen».[2]

Piotr Kropotkin

«Vivir es esencialmente sufrir».

Es imposible ver alrededor y no sentir que hay algo mal en el ambiente. Y no me refiero al aire poluto de las ciudades, sino a un reflujo de relaciones sociales que terminan en *enfermedad*.

Me parece profundamente significativa esta situación: un niño está siendo molestado por sus primos, un poco mayores, en una sala mientras los demás adultos están platicando en otra parte de la casa. El niño está sintiéndose cada vez más molesto e impotente. El niño, entonces, en su rencor, golpea a su prima, un poco menor que él, aunque no estuviera burlándose de él. La niña comienza a llorar y eso atrae la atención del padre, quien comienza a cuestionar al niño por sus acciones. El niño, al comprender que *obró mal*, comienza a llorar. La abuela entonces lo toma y se lo lleva a otro cuarto y le pregunta «¿cómo te sientes?», a lo que él responde «No lo sé».

Es una situación análoga a lo que pasa con nosotros. Hay una relación de esta sencilla escena con el mundo y sus relaciones en general.

Todos hemos sido alguna vez, al menos, los primos, el niño o la niña. El mundo se asegura de que sea así. Hay un extenso reflujo de relaciones opresivas que incluso se basan en la mera desigualdad de poder; aseguran la enfermedad de cada individuo. Son relaciones constantes en la vida diaria que van debilitando y agotando a los individuos.

El jefe de la oficina o *CEO*, en un arranque de estrés, regaña desconsideradamente al oficinista o al miembro de consejo por una minucia. El hombre, con la intención de lastimar, principalmente porque su posición y la situación en general lo permiten, se frustra. Este hombre llega a su casa de mal humor y responde peor ante su esposa e hijos, sin mencionar que en el camino pasó a comprar algo en una tienda, tratando sin tacto al dependiente. Al día siguiente, su esposa se va de malas y por otra minucia justifica una agresión a su par de hijos, a quienes lleva a la escuela. En el camino, riñe con otra madre en medio del tráfico, deja a sus hijos en la escuela y uno de ellos le da un empujón a un marginado de la escuela, quien ha desarrollado ideas autoritarias y tiene una fijación con investigar acerca de armas.

Es una cadena de relaciones enfermizas. Lo enfermizo es lo que hace que el hombre tienda a provocar sufrimiento a sí mismo y a los otros. Bien, las relaciones enfermizas son finalmente inevitables, pero sí son, por mucho, reducibles en comparación a las que hoy vemos: relaciones de sumisión y sadismo que son perpetuadas por las relaciones sociales y los individuos frustrados. Estos problemas no se pueden resolver más que con la iniciativa de cada persona de volver a la realidad más aceptable no solo para sí mismo, sino para los otros.

Sadismo y masoquismo

«Cuando hay amo y esclavo, no hay libertad ni para el amo, pues este depende del esclavo, mientras el esclavo podría no depender de nadie. El esclavo, idealmente, no quiere ser amo; quiere ser libre».

La obra de Nietzsche, *La genealogía de la moral*, nos expone cómo las primeras civilizaciones estaban basadas en una violencia de alto grado, en la búsqueda del dominio y el elitismo. La estructura social deviene con códigos morales que justifican esas estructuras y sus medios. La moral se transmuta en los siglos en lo que él llama moral de esclavo, diferenciándole de la primera. La moral de esclavo se basa en la bondad, la abnegación, la piedad, etcétera. Sin embargo, esta es una moral contraria a la tendencia natural del hombre a realizarse.[3] También la moral del amo, la del dominio y elitismo entra en contradicción con la salud y la dignidad humana.

Cuando la propia vida se ve repetidamente restringida, pareciese que esta misma se adapta y tuerce su tendencia al sadomasoquismo. El sadismo es el deseo, la atracción de hacer sufrir; el masoquismo el deseo de provocarse y la tendencia a atraerse sufrimiento: no existe uno sin el otro.[4] Es un fenómeno muy discutido a lo largo de la historia de la psicología, con aportes importantísimos por parte del psicoanálisis. Diría yo que es el resultado de la adaptación de la vida cuando esta se ve repetida e importantemente frustrada. Si tomamos al principio de realidad podemos concluir que finalmente no hay quien no se vea en algún punto frustrado en su expresión vital.[5]

El problema es que hoy en día las personas viven sumidas en la frustración y generan que la enfermedad continúe hasta convertirse en sadomasoquismo. No me cabe duda de que podemos tener un mundo donde la normalidad no sea la enfermedad sadomasoquista, un mundo donde no se trata de moral de *amo o esclavo*, sino *moral de hermano*.

Violencia

«Cuando la tiranía es ley, la revolución es orden».

Pedro Albizu Campos

Es necesario que aclare lo que entiendo por violencia. La siguiente definición, que es el primer resultado de Google, es muy puntual:

«Uso de la fuerza para conseguir un fin, especialmente para dominar a alguien o imponer algo».

En el capitalismo, la fuerza se usa para proteger la propiedad privada capitalista. Es legítimo tomarla también por la fuerza, en especial si es para la liberación de las personas. Los derechistas antiestatistas hablan contra ella, pero no la definen o no la entienden. Lo importante en este capítulo no es exaltar la violencia, sino entenderla comenzando con entender que hay distintos grados de violencia y que será algo presente siempre en nuestra realidad.

La violencia es congruente con la libertad desde el momento en que se entiende que la violencia nace de propósitos encontrados entre los individuos, que todos tenemos propósitos, que no podremos realizar todos nuestros deseos y que habrá quienes intencionalmente socaven nuestras acciones para alcanzarlos. La no realización es algo inextirpable de la realidad humana y, sin embargo, es también algo mejorable.

Sobre el pacto de no agresión, que es solo una fantasía incompatible con la realidad aquí y en el futuro, se puede decir que es el Estado de derecho más primitivo; ser libre mientras no afectemos la libertad de otros. La violencia, en un invisible u obvio nivel, inevitablemente nace del choque de intereses de los hombres y de una actividad intencionada que socave el derecho, pues se puede socavar inintencionadamente el objetivo ajeno sin atentar contra el derecho. Además, tenemos que recordar que las actividades privadas de personas mucho más poderosas pueden atentar contra nuestra privacidad y nuestras libertades. La sociedad no puede ser una perfecta esfera de convivencia en la que nadie choque, esto sin importar si es poco o muy desigual. Se tiene que priorizar el derecho por encima de la legislación, pero la última no puede ser descartada por mero dogmatismo: se trata de construir civilizaciones, no de hacer peligrar la existencia de sociedades; la legislación es para conservar el derecho. La violencia que transgrede el derecho adquiere legitimidad cuando se dirige contra la tiranía, ante la cual solo hay dos respuestas posibles: subyugación o liberación.

Gandhi obtuvo la independencia por medios violentos, aunque por el uso de violencia de bajo grado se dice que su lucha no fue violenta. Su desobediencia civil hizo que el gobierno inglés se viera forzado a entregar la nación, pero el que no sea violencia visible no significa que no sea violencia.

La propiedad se protege por violencia legitimada: por el Estado. Las independencias de los países, todas se dieron por violencia. Fueron fundamentalmente tomadas, no negociadas.

El problema de fondo es que no se acaba en vidas, incluso a comprender qué es la violencia. Un claro ejemplo es la filosofía de Ayn Rand, una que demuestra una completa ignorancia no solo de la historia, sino de los mecanismos relevantes más o menos profundos del hombre, a saber, el poder, el interés, la violencia y su relación:

«El capitalismo ha sido el único sistema de la historia en el cual la riqueza no se ha adquirido mediante saqueo, sino mediante producción; no por la fuerza, sino mediante el comercio, el único sistema que ha defendido el derecho de los hombres a su propia mente, a su trabajo, a su vida, a sí mismos». (¿Entenderá que el capital suele expandirse por medio del expolio? Claro que no dice que la producción o el mercado hayan sido la única manera de adquirir riqueza, pero no toma a consideración que muchas grandes fortunas, si no se han hecho por medio del expolio de apropiaciones ilegítimas -como dádivas estatales- sí se han hecho saqueando al consumidor por medio del monopolio).

«La ambición de poder es una mala hierba que solo crece en el solar abandonado de una mente vacía».

«En primer lugar, mi filosofía se basa en el concepto de que la realidad existe como absoluta y objetiva».

Numerosas pretensiones de objetividad y ética clasicista abundan parecidas a estas. La visión que predomina es que la violencia es mala. Y es peor cuando un libertario se convence de visiones irrealistas. La violencia es inevitable, pues como deduce y clarifica Lévinas a través de Nietzsche: el interés es el origen de la violencia. Es inevitable para el humano *interesarse*. La violencia está más allá de gritarle, aislar y golpear al otro; es el mero hecho de arrollar el derecho del otro para interferir y frustrar al otro deliberadamente.

La violencia es algo necesario e inevitable. Aún más necesario es terminar de comprender el significado del concepto. Hay que retomar un poco de Sorel. La violencia es un instrumento que debe usarse para restaurar y proteger las libertades cuando sea necesario, pues las libertades nunca se han negociado, se han conquistado. Las independencias de los pueblos fueron todas por la fuerza. Incluso la de Gandhi fue violenta, aunque violenta de bajo grado. Aún queda la lucha por la emancipación de las élites parasitarias. Por otro lado, es importante jamás perder de vista que los cambios encauzados por luchas altamente violentas terminan en sociedades destruidas y poco libres. Lo podemos ver en la historia.

La violencia más que como algo estrictamente propio del hombre, es una forma de respuesta ante la no realización. Una vez tuve una plática con uno de mis profesores de la preparatoria sobre la relación entre la violencia y la naturaleza humana y fue algo muy significativo el que haya indicado que el grado de violencia en las sociedades ha ido en disminución a lo largo de los siglos. Es cierto, pues en gran parte del mundo uno puede hacer y deshacer sin importar las acciones de los gobernantes, pero esto no significa que la desigualdad material, y por consiguiente de poder, no sea la mayor en la historia.

Guerra y lucha

«Sin Estados nos ahorraríamos casi todas las guerras».

«Guerra: Lucha armada prolongada entre dos o más naciones durante la cual se producen diversas batallas».

La guerra es una extensión de la política en un ejercicio de violencia del más alto grado. Puesto que la guerra es una cuestión de poder, no se puede englobar fuera de la política: es un instrumento para adquirir, conservar y ganar poder.

La guerra no va solo de Estados enfrentándose a otros con sus ejércitos, va más allá de las luchas armadas que se dan dentro de los mismos países. En México está la *Guerra contra el narco*, que significó la presencia del ejército en las calles del país para combatir los mercados negros de droga. Ha costado cientos de miles de vidas, desde civiles hasta criminales y soldados.

Se puede hablar también sobre el concepto de lucha de clases, desde la perspectiva burguesía-proletariado, así como la óptica estatista-no estatista. El concepto de «lucha de clases» de Marx es producto de una malinterpretación de la dialéctica de Hegel y una búsqueda de narrativa histórica que no es falsable, pues siempre se pueden acomodar los hechos a la interpretación y, por lo tanto, es fácil de sostenerse en la mente de los que se nieguen a cambiar de opinión. Dice Marx que el motor de la historia es la lucha de clases, mientras que las clases aparecen con la sociedad comercial y habían sido precedidas por castas y estamentos. Aunque uno puede rechazar el concepto marxista de lucha de clases, es claro que hoy en día siguen existiendo grupos que han vivido a expensas de otros: los políticos y los empresarios *amiguistas*.

Algo que la izquierda libertaria siempre ha sostenido es el rechazo a los ejércitos, proponiendo como alternativa un pueblo armado. Un izquierdista en este siglo necesitará encontrar maneras de dar armas a la población para que las personas puedan defenderse de los tiranos y criminales.

Capítulo 3
Naturaleza humana

«Es cierto que desconfío un poco de la noción de naturaleza humana, y es por el siguiente motivo: creo que entre los conceptos o nociones que una ciencia puede utilizar no todos tienen el mismo grado de elaboración, y que en general no poseen la misma función ni el mismo tipo de uso posible en el discurso científico».[1]

Michel Foucault

«En una sociedad basada en la explotación y la servidumbre, la naturaleza humana se degrada. Pero a medida que la servidumbre vaya desapareciendo, volveremos a posesionarnos de nuestros derechos; sentiremos la necesidad de odiar y amar aún en casos complicados».[2]

Piotr Kropotkin

«No basta con desenmascarar a un discurso, es necesario destruirlo para que otro le reemplace».

Todo lo que es enunciado tiene un propósito. Las definiciones se hacen de acuerdo con el interés de aquel que define.

Como expone Foucault, las ideas de la naturaleza humana no deben verse como el significado de lo que puede llegar a ser el hombre en su implicación política, esto por la sospecha que podemos presentar ante las posibles enunciaciones de una naturaleza humana.

Por otro lado, sabemos que hay muchas cosas inherentes al hombre, como el buscar sexo, estornudar, caminar (esto último como resultado de un proceso evolutivo y de desarrollo respecto de los demás primates), etcétera, pero de esta clase de fenómenos no podemos desarrollar una idea con implicaciones políticas sobre la naturaleza humana.

Hay que hacer un paréntesis para un tema del que se hablará después con mayor profundidad, el ordenamiento del discurso, para hacerle notar al lector los alcances que podemos llegar a tener en cuanto a la materia de la naturaleza humana.

Gracias a Platón y Hesíodo se genera el desplazamiento del poder político y la exclusión de la locura como factores para enunciar al discurso. No desaparecen estos factores, sino que conviven y llegan a ser dominados por lo que Foucault llama la voluntad de verdad. La filosofía y sus hijos llegan a ser materias buscadoras de la verdad; se desarrolla la ciencia, la pedagogía, los registros, las enciclopedias, etcétera. Esto nos permite un gran avance material al costo de tener una sociedad engañada por la omnipresencia de la voluntad de verdad, cuya verdad puede ser sospechada.[3] Hay, en efecto, verdades, muchas imprácticamente discutibles, pero al final de cuentas discutibles. Lo fundamental es tener conciencia de los límites que tienen los instrumentos de la voluntad de verdad. Aquí, con esa desconfianza ante la voluntad de verdad y finalmente ante la voluntad de poder del otro, podemos hablar de una voluntad de sospecha. Dado que el mundo es voluntad de poder, uno debe tener presente que las acciones y enunciados de las personas son una expresión de alguna propia voluntad de poder, entonces toda construcción de la naturaleza humana que tenga implicaciones políticas es digna de sospecha. Cuando Kropotkin construye el concepto de naturaleza humana como una que requiere la cooperación y solidaridad entre los miembros de una sociedad, además de poner al hombre en igualdad con los otros en un contexto primitivo y primigenio, implica la justificación política de un sistema de igualdad y cooperación.

Cuando economistas, políticos y filósofos defienden un egoísmo basado en el desinterés hacia los otros, se promueve la atomización social y un desincentivo en la sociedad para actuar con solidaridad más allá de un beneficio económico.

La historia humana es la historia de la lucha por las libertades

Las causas triunfadoras tienen su narrativa histórica, pero aquí se trata de la tendencia general del hombre: la realización, cuyo medio es la libertad y la implicación histórica de esta tendencia. Así como el hombre es de imperfecta naturaleza, la tendencia histórica es imperfecta. El individuo naturalmente tiende a la realización, para la cual es necesaria la condición de libertad real que le permita disfrutar de los frutos de sus actos. El individuo entonces, si gusta de tratar de alcanzar la lucidez y el control de su destino, se esforzará, e incluso se sacrificará, para tener una realización de mayor nivel: si era un buen luchador, será de los mejores; si era un buen médico, trascenderá su materia y dará aportaciones más allá de ese campo.

Es la lucha por las libertades la que encausó la democracia griega, la rebelión de los esclavos, las victorias contra la institucionalización de los estamentos y las castas (cuyas repercusiones hacen eco en las luchas feministas y antirracistas), etcétera.

Hablar de lucha de clases es problemático por cuestiones que el mismo Marx aclara en el capítulo LII del tercer tomo de *El capital*.[4]

A partir de lo expresado en ese capítulo y de la evolución histórica del mundo, deducimos que no puede haber simpleza en la clasificación de clases:

«Sin embargo, ni aquí (Inglaterra) se presenta en toda su pureza esta división de la sociedad de clases. [...] ¿Qué es una clase? [...] la identidad de sus rentas y fuentes de renta. [...] [si] viven respectivamente de un salario, de la ganancia o de la renta del suelo [...] también los médicos y funcionarios [...] formarían dos clases, pues pertenecen a dos grupos sociales distintos... Y lo mismo podría decirse del infinito desperdigamiento de intereses y posiciones en que la división del trabajo social separa tanto a los obreros como a los capitalistas y a los terratenientes; a estos últimos, por ejemplo, en propietarios de viñedos, propietarios de tierras de labor...».

Es evidente que esta complejidad no se ha disipado, sino que ha aumentado. No por esto se puede desechar del todo la idea de la lucha de clases, pero es claro que el motor de la actividad humana, y de la historia, es la realización de las personas, y mientras sean más y más libres, más podremos realizarnos.

Sobre sexo y género

No hay que permitir que el sexo se iguale vulgarmente al género, pues son cosas que se estudian de modos diferentes. Al sexo lo estudia la biología. Se puede resumir en que los hombres tienen pene y las mujeres vagina, aunque llegan a haber excepciones. El género es algo estudiado por las ciencias sociales y ha sido una relación del sexo con roles sociales. Ahí está el problema, pues en la vida de las personas muchas veces estas se topan con rituales impositivos acorde con su género. Por fortuna, la mayoría no piensa, incluyéndome, que el nacer con pene o vagina deba determinar ciertos aspectos de nuestras vidas.

El género tiene que ver más que nada con la construcción que la sociedad le da a este. Normalmente se promueve cierta forma de actuar determinada por el género: niños de azul, niñas de rosa; pelo corto es masculino, pelo largo es femenino; las faldas no son para hombres, las mujeres se encargan principalmente de atender a los hijos; los hombres aportan el dinero a la familia, a la mujer el hombre le cede el asiento o le abre las puertas; los hombres son albañiles, las mujeres enfermeras, etcétera.

Lo ideal sería que viviéramos en una sociedad donde los genitales con los que se nace limiten lo menos posible la conducta de las personas: una sociedad abierta es donde la cuna no determina la posición social a lo largo de la vida de las personas. Estamos consiguiendo ese tipo de sociedad; si bien no hay paridad de géneros en ciertas labores, no hay labores que les estén vedadas a las personas por su sexo o género. Lo mejor para la cooperación social es la indiferencia hacia el género. No hay necesidad de promover una cultura donde hombre y mujer sean difícilmente diferenciables.

Capítulo 4
Izquierda y Derecha

«La Izquierda y la Derecha son fundamentalmente posturas ante la igualdad».

Cuando algún amigo me pide que le explique la diferencia entre Izquierda y Derecha de manera sencilla, simplemente le digo que la Izquierda aspira a realizar el bien común y la Derecha cree en el elitismo, muchas veces ignorando a los no privilegiados.

54

Representaciones gráficas: Cuadro de Nolan y *Political Compass*.

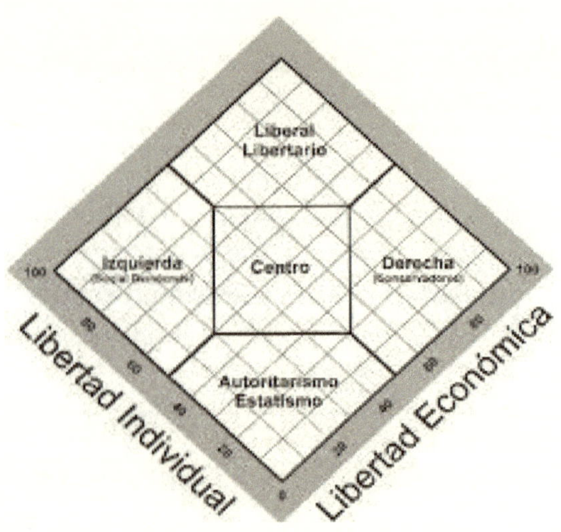

Gráfico 1

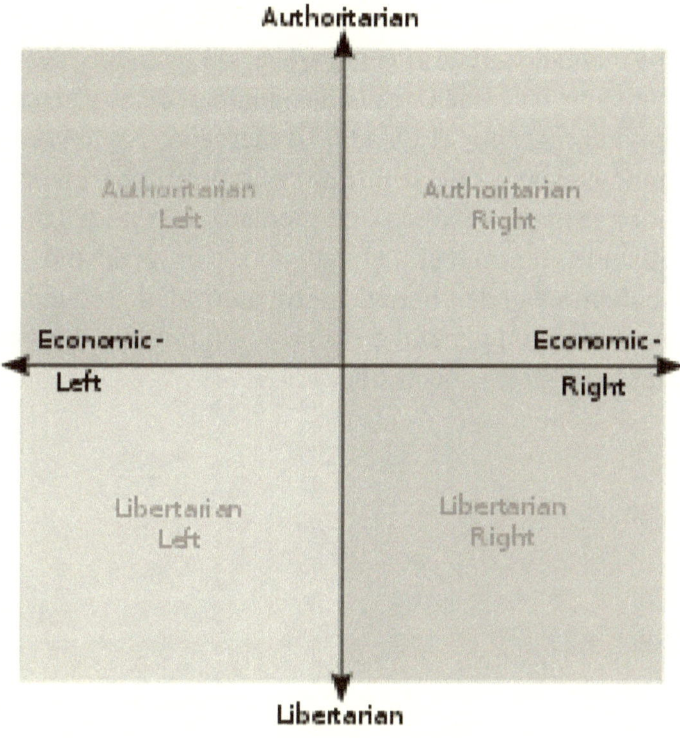

Gráfico 2

Cuando pienso en un espectro político, tomo en cuenta la prueba inglesa de la brújula política que tiene dos ejes que definen un plano cartesiano limitado. Los ejes son izquierda-derecha y autoritario-libertario. Queda entonces dividido en 4 sectores: izquierda y derecha autoritaria e izquierda y derecha libertaria.

Otros indicadores políticos son el de 8 valores (*8 values*) y el de 16 valores (*PolitScales*).[1] El de 8 valores [2] mide 4 ejes lineales donde la línea es un 100 % llenado por la cantidad del valor. El eje que definiría el izquierdismo es el de igualdad contra los mercados. Este eje me parece, sin embargo, deficiente, pues los hechos nos dicen que la desigualdad de hoy no sería tan rampante de no ser por el Estado. El mercado, por sí solo, no es la institución responsable de que haya multimillonarios, sino que lo son por cuestiones exógenas al mercado.[3] Se mide también el nacionalismo contra el globalismo, progresismo contra tradicionalismo y el de libertad contra autoridad. Según los ejes, se da una definición general de la posición política. Ejemplifico un resultado propio: «social libertario».

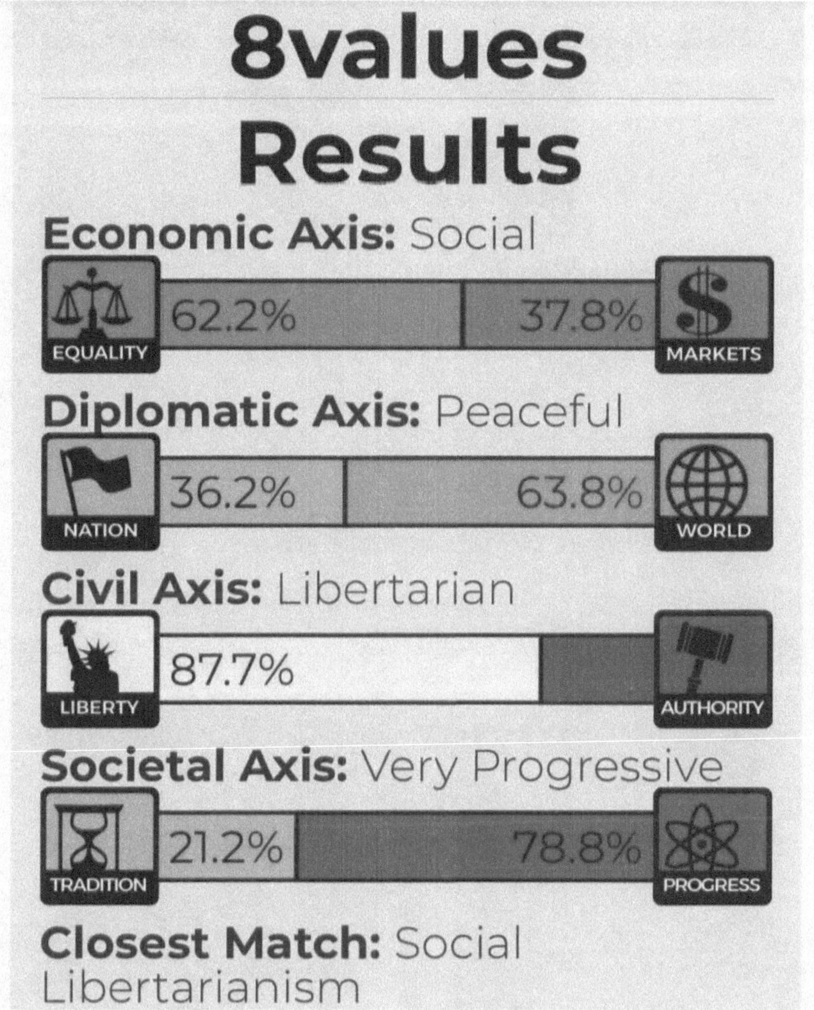

El de 16 valores es la más larga de las pruebas, pero también define la actitud hacia la igualdad con el eje «comunismo-capitalismo», además de dar un apartado para «características adicionales», las cuales pueden ser débiles y estar en gris, o fuertes y marcadas por negro.

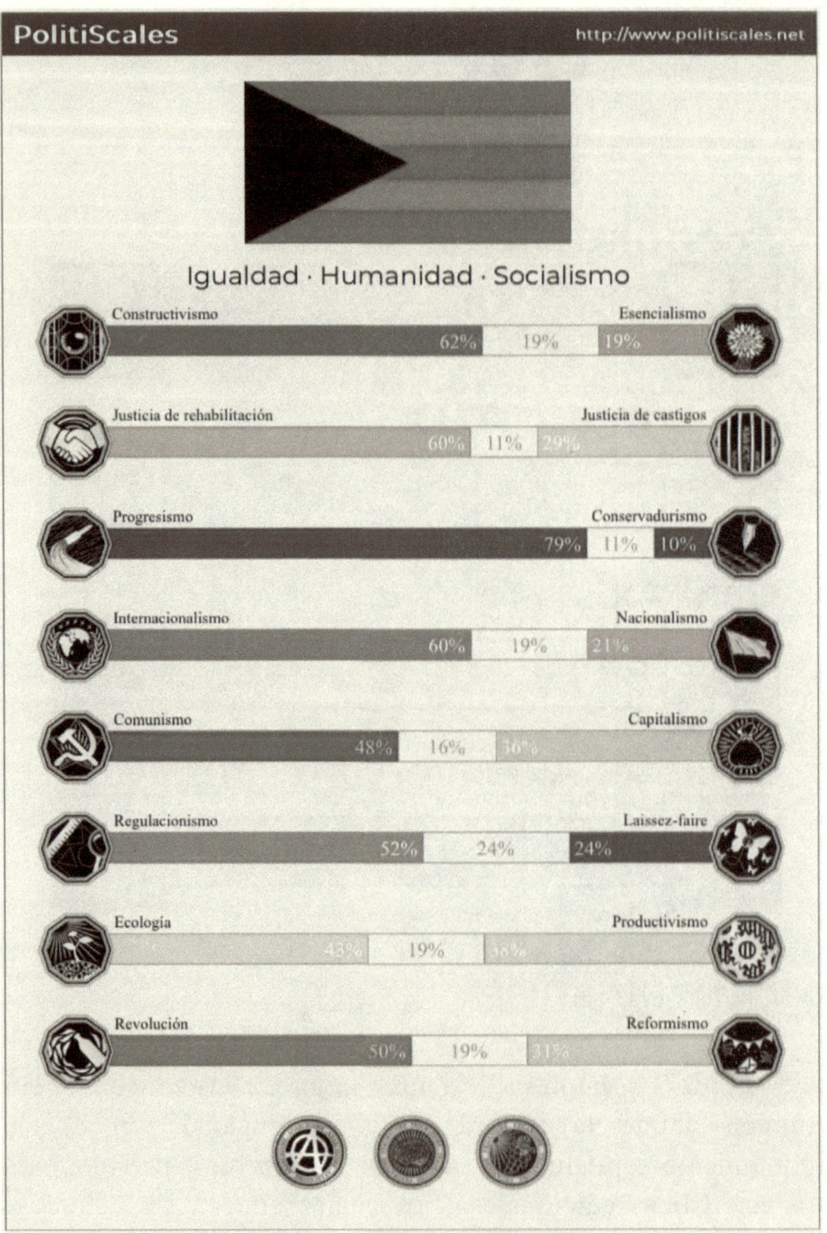

PolitiScales
http://www.politiscales.net
Igualdad · Humanidad · Socialismo
Constructivismo
Esencialismo
62% 19% 19%
Justicia de rehabilitación
Justicia de castigos
60% 11% 29%
Progresismo
Conservadurismo
79% 11% 10%
Internacionalismo
Nacionalismo
60% 19% 21%
Comunismo
Capitalismo
48% 16% 36%
Regulacionismo
Laissez-faire
52% 24% 24%
Ecología
Productivismo
43% 19% 38%
Revolución
Reformismo
50% 19% 31%

Características adicionales

Aclaraciones del criterio izquierda-derecha y unas palabras sobre El cuadro de Nolan

El cuadro de Nolan es una tomadura de pelo hecha por un estadounidense miembro del partido libertario de Estados Unidos. Es para derechistas antiestatistas que no se quieren hacer llamar de derecha.[4]

Tomemos en cuenta que todos los gráficos representan mis resultados. El cuadro de Nolan es insuficiente y erróneo para explicar al espectro político, empezando por su criterio de izquierda-derecha, además de descuidar cuestiones como posturas en cuanto a formas de propiedad.

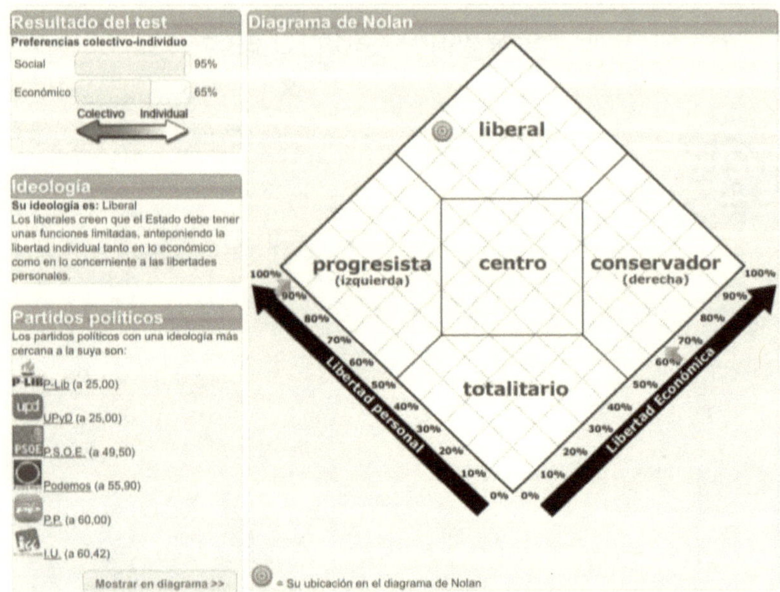

Si vamos a los orígenes de los términos Izquierda y Derecha llegamos a la revolución francesa. El 14 de julio de 1789 en la Asamblea Nacional Constituyente se votó a favor de conservar el poder monárquico absoluto. Quienes estuvieron a favor de mantenerle facultades al rey, se situaron a la derecha de la cámara, los que estaban en contra de mantenerlos, estuvieron a la izquierda.[5]

A la izquierda alguna vez estuvieron los liberales antimonárquicos opositores a los poderes absolutos. Está ahí, por ejemplo, el brillante Humboldt, autor de *Los límites de la acción estatal*. Esos liberales antiguos no fueron capaces de prever los daños que podría causar a la libertad la actividad privada. Cuando en la historia, la concentración de poder en cualquier persona (rey, gobernante o privado) denotó lo peligrosa que terminaba siendo para la libertad, se comenzó a pensar en el socialismo. El liberalismo había fallado en cumplir su promesa de libertad, propiedad y fraternidad, pues las condiciones elitistas y desiguales se perpetuaron y hoy en día, midiendo la desigualdad, podemos concluir que se han acentuado. En palabras dc Rothbard:

«Los libertarios de estos días están acostumbrados a pensar al socialismo como el opuesto del credo libertario, pero esto es un grave error, responsable de la severa desorientación de los libertarios del mundo presente. Como hemos visto, el conservadurismo era el opuesto de la libertad; el socialismo, en cuanto a «la izquierda» del conservadurismo, era esencialmente un confundido movimiento a la mitad del camino. Estaba y aún está a la mitad del camino porque trata de obtener fines liberales con el uso de medios conservaduristas».[6]

Debido al fallo del liberalismo, el socialismo nos dio una promesa de igualdad y libertad que Marx deformó en cierta medida. Este hombre ha sido estudiado como pocos, pero ayudó a hegemonizar al estatismo en la izquierda radical, arrebatando las organizaciones obreras de los libertarios. La izquierda debe ser igualitaria y libertaria para que tengan congruencia en sí misma. No es admisible que hablemos de igualdad cuando aceptamos que debemos dejar nuestra vida a merced de un caudillo o al Estado. El dominio y la desigualdad encuentran congruencia en la derecha, la cual puede ser antiestatista, pero jamás libertaria, pues se inclina hacia el elitismo y hacia un dominio legitimado, apoyado ya sea por un Estado amigo o por ejércitos y entes privados.

En la historia, la revolución rusa no solo representa un nuevo modelo de organización social, sino que condena a la izquierda a, por así decirlo, *derechizarse*. Es un punto complejo, pero empecemos con un Chomsky llamando a Lenin un *marxista desviado a la derecha*.[7] Chomsky así lo llama porque no era un marxista convencional para aquellos días, sino alguien más verticalista. Aunque tuvo un período de pensamiento libertario, como gobernante se dedicó a desmantelar el control obrero sobre las empresas, cosa indispensable para realizarse la idea del socialismo.

El control estatal sobre las empresas no equivale al control obrero. Él y Trotsky coincidieron en crear la noción de «ejército laboral» (*labor army, трудармия*), que implicó, en su momento, la subordinación de los obreros al Estado, aunque inicialmente fuera la incorporación del ejército rojo al campo laboral tras el fin de la guerra civil. Esta idea terminó con la estatización de los sindicatos en 1921 por medio de su subordinación al Comité Ejecutivo Central Panruso, precursor del Sóviet Supremo.[8] Esta forma de verticalización debería ser inaceptable para la izquierda, a pesar de que haya conservado sus fuertes remanentes ideológicos. De cierta manera, así como «derecha libertaria» es un oxímoron en cuanto a fines y medios, así lo es la «izquierda autoritaria», que puede auspiciarse en la búsqueda de una revolución caudillista que, una vez consolidada, no dejará de ser autoritaria.

La historia de la derecha nos ha dado muchos dolores. Son los que engatusan diciendo que las jerarquías y desigualdades son naturales e incluso buenas. Finalmente, el derechismo apela a una enfermedad provocada por la avidez de dominio y/o sumisión (siempre están juntas estas tendencias: sadomasoquismo). La derecha es la discusión y aplicación de la desigualdad, a diferencia de la izquierda, que tiende a la apología y a la igualdad, aunque termine degenerando en otro sistema de dominio.

El mal está inscrito en la historia de cualquier forma de elitismo, incluso el elitismo izquierdista. Se escribe y se recuerda con algunos de estos nombres, representantes del odio, la desigualdad, la guerra, la enfermedad, el dominio y la aniquilación del otro: Leopoldo II, Stalin, Mao Tse Tung, Hitler, Pinochet, Franco, Pol Pot, Saddam Hussein, los Bush, Mussolini, Castro, y una gran cantidad de nombres que representan lo que debemos evitar para tener una mejor sociedad, una más libre que será realizada cuando haya menos desigualdad.

¿Hay que tener un nuevo espectro político? No lo creo necesario, a menos de que nuestra intención sea validar como única a la izquierda liberal-libertaria como opción de libertad, así como hace la derecha neofeudalista con el cuadro de Nolan.[9] Como espectro político es suficiente explicar uno de 2 ejes y 4 cuadrantes, que son fundamentalmente: estatismo igualitario (izquierda autoritaria), estatismo elitista y *amiguista* (derecha autoritaria), antiestatismo elitista (derecha libertaria) y antiestatismo igualitario (izquierda libertaria). La intención de esta sección ha sido sugerir la superioridad moral de la izquierda libertaria por encima de las demás partes del espectro político. Como diría Bakunin, eso de la libertad sin igualdad es un engaño. Si bien no debemos pensar en una igualdad material absoluta, debe haber un contexto en el que nadie sea capaz de dominar a otro. Y si no podemos aún aspirar a la anarquía y entendemos que la propiedad privada prevalecerá en tal o cual medida en una sociedad comercial, debemos minimizar a los gobiernos y empoderar a las personas frente al Estado, así como disminuir la propiedad privada desde la actividad ciudadana en favor de organizaciones cooperativas.

Superioridad moral e Izquierda libertaria

«Generalmente hablando, las finalidades de los izquierdistas de hoy no están en conflicto con la moral establecida. Antes bien, la izquierda toma un principio de la moral establecida, lo adopta a su manera y entonces acusa a la corriente mayoritaria de la sociedad de violar ese principio».[10]

El *Unabomber*

La superioridad moral absoluta y objetiva no existe. Depende de las valoraciones de cada quién. Yo valoro la idea del empoderamiento común y de tener una sociedad con la menor cantidad posible de dominio sobre los demás. La superioridad moral de cualquier idea depende de la mente de cada persona. Si alguien usa de acusación para la izquierda libertaria su «superioridad moral» que ha de obtener por llamar a la igualdad para proteger a la libertad es posible que esa persona, al menos en el fondo, crea que contravenir a esa idea es «malo».

Los valores son subjetivos. Puede que alguien valore la libertad, pero también alguien que le tema o prefiera que la libertad sea el privilegio de unos pocos, pues los demás le son indignos.

Pero en la sociedad las cosas son más complejas. Por el momento, me limitaré a occidente (geográfica, no culturalmente). Podemos hablar en América y Europa de un cristianismo dominante, sea católico o en cualquier otra forma.

El cristianismo es una filosofía que inspira la solidaridad y la búsqueda del bien común, aunque también inspiró a enemistarse con el comercio y amar la pobreza. Hugo Chávez muchas veces usaba al cristianismo y a su solidario espíritu para arengar a la gente y justificar las políticas que según él representarían una ayuda a su pueblo, o también serían un ariete discursivo contra los favorecidos: «Ser rico es malo». Es quizás el cristianismo el que hace que en occidente haya una tendencia a pensar en la izquierda como un superior moral, al menos en cuanto a ideas. El mismo papa Francisco ha dicho que son los comunistas los que piensan como cristianos, cosa que le fue criticada con el recordatorio de la dictaduras soviética y china, responsables de la aniquilación sistemática de millones, cosa que para nada fue de acuerdo con el discurso de libertad y solidaridad que muchas veces han usado los comunistas para convencer.

La herencia cristiana no pobrista (protestante y jesuita) va con un sistema de igualdad, solidaridad y paz. Entonces, ¿por qué si el cristianismo es la religión predominante en Occidente va tan en contra de sus valores? Simplemente la gente vive como si no tuviera dioses y olvidan estos valores, que solo ocasional y convenientemente son recordados. El que la gente ignore esos valores la mayoría del tiempo no quiere decir que desaparezcan de sus mentes. Más bien nos puede ayudar a explicar por qué la izquierda en occidente puede fácilmente pasar por superiormente moral, aunque esto no lo hace forzosamente aplicable ni atractivo.

La religión juega diferentes papeles en cada persona, pues puede haber un déspota muy devoto o una persona que haya interiorizado valores de solidaridad, pero que sea homofóbica. Alguna vez conocí a un mormón salvadoreño muy peculiar, cuyas inspiradoras historias llegué a dudar. Era un hombre conservador respecto a la homosexualidad y al aborto, pero alguien que gran parte de su vida se dedicó a mejorar, como pudo, el nivel de vida de su medio. Fue maestro de escuela, agricultor, y me contó que también llegó a ayudar al empedrado de calles de su pueblo para hacerlas más accesibles. En fin, una persona amable que en verdad había interiorizado valores que pueden llamarse cristianos, a pesar de que no aceptaba cosas como el aborto o la adopción homoparental.

Finalmente, el cristianismo sí cae en lo que Nietzsche llamó «moral de esclavo» por el ascetismo que implica, por la negación de uno mismo y la subordinación moral a un símbolo colocado por encima de uno. Cabe aclarar aquí que la moral del amo o del esclavo no se traduce en dialéctica del amo y esclavo, pues esa relación ha estado desapareciendo, dando lugar a un *zoológico confortable*.

Yo creo en la moral del hermano, una moral en la que nos digamos *sí* a nosotros mismos y ayudemos en lo que podamos a los demás, tratando de respetar siempre las libertades, y una manera de respetarlas es no ponernos por encima de nadie.

Esta moral es más congruente con el cristianismo que la de los oligarcas que titiritean al mundo. Y aunque la moral cristiana sea varias veces desconsiderada para varias acciones del día a día es el código moral predominante en las mentes de los habitantes de occidente.

Rothbard, el que tomó de la izquierda el término libertario para la derecha, intentó totalizar a la moral por medio de lo que él llamaba naturaleza humana. Eso mismo se puede hacer, partiendo de una diferente concepción del hombre. El hombre sí es egoísta, pues busca por su bien, pero instintivamente también busca el bien de los demás, cosa que entra en excepción cuando nos estorban para nuestros intereses. Como observó Lévinas, el interés es el origen de la violencia.[11] El izquierdismo libertario es la postura que más favorece al desarrollo de las personas, pues busca un contexto que permite que la naturaleza psicológica del hombre siga su sano curso en un contexto en el que la actividad personal de unos sea lo menos peligrosa para las libertades de los demás y de la sociedad en general.

Líber González

Capítulo 5
Libertad e igualdad

Libertad II

«Que uno tenga la libertad para hacer algo no significa que pueda, en efecto, hacerlo».

Para que la libertad real esté al alcance de todos, tiene que haber una restricción siempre implícita en las concepciones libertarias: respetar la libertad del otro. Sin embargo, esto es imposible de realizar del todo. Todas las personas tenemos intereses, es algo inevitable. A la vez, es el interés lo que origina la violencia, pues la violencia solo puede aparecer en la búsqueda de un objetivo. Naturalmente, el interés no implica necesariamente violencia, pero desde el realismo se entiende que la violencia aparecerá una y otra vez.

La libertad entendida como libertades ayuda a ver su valor concreto. Estas libertades dependen de la prohibición hacia los otros de violar nuestras libertades.

Otra cuestión fundamental son los cuatro factores que obstaculizan nuestras libertades más allá de las limitaciones naturales de cada individuo. La libertad la restringe el derecho (las normas de convivencia, que después son escritas en leyes, cuyas restricciones son fundamentales para proteger la libertad), la actividad de violencia legitimada (restricción del Estado), las restricciones no escritas por parte de la sociedad (por ejemplo, lo reprobable que es salir desnudo a la calle) y las restricciones que uno mismo se impone por medio de la moral.[1]

La libertad es una noción que inevitablemente evoca al poder, pues es fundamentalmente eso, una cuestión de poder.

¿Cuál es la causa de que los negros hayan sido esclavizados en Estados Unidos? Poder que fluía por las instituciones legales y los prejuicios populares.

Esto es también cierto para cualquier otro caso de segregación y para los contextos capitalistas, citando a Marx, el Estado es el instrumento de la clase dominante, en este caso, la administración de los negocios burgueses.[2]

Las libertades reales están mayoritariamente para una élite de burócratas y empresarios, esto solo en detrimento de los que ven sus libertades disminuidas. Cuando se habla de libertad económica, se habla de una cuestión con implicaciones de cuánto ingreso se tiene, no simplemente de una medida de cuánto se restringe o no el mercado, como lo que hacen *think tanks* como el *Fraser Institute*. ¿Qué libertad económica tiene una persona pobre en comparación con un accionista de Bimbo, de Apple o de Televisa?

James Madison, padre fundador de los Estados Unidos, dijo algo propio de la élite que se ha formado por ya más de doscientos años. Indicó que una de las funciones del gobierno era proteger a las minorías opulentas del grueso social.[3] Aquí entramos en la cuestión de la seguridad. Cuando se habla aquí de seguridad económica, nos referimos a que el Estado está dispuesto a proteger, con violencia, tal o cual propiedad, así

70

como a incrementarla por medio de privilegios. Este el motivo por el que el capitalismo ha sobrevivido.

En el mundo occidental, rara vez podemos hablar de una auténtica coerción a trabajar alienantemente. Seguro que nadie sueña con matar vacas sistemáticamente en un rastro o manejar las máquinas de una granja de pollos, pero ese alguien no se ve forzado por nadie a tomar tal trabajo. Sin embargo, esa despersonalización del problema no significa que no podamos comprender las causas sistemáticas.

La jerarquización es contextualmente ineficiente. Quizás el hecho de vivir en un mundo profundamente jerarquizado no nos permita darnos cuenta de eso, pero pensemos en algo simple y fundamental.

¿Dónde se ha de sentir más motivada una persona en su trabajo? ¿Donde es el empleado y sabe que su trabajo es lo que hace que los dueños ganen, cuyo título de propiedad es lo que les legitima sus ganancias, o donde el trabajador se sabe y se siente dueño de su trabajo y de su producto?

Cabe aclarar que el patrón, propiamente, no le roba al trabajador, pero sí presenta una relación de comandancia cuya normalidad solo será revertida por una sociedad en la que los miembros primen la creación de empresas cooperativas sobre la creación de empresas privadas.

Cuando Marx dice que la libertad que ganó el obrero con la caída del feudalismo fue la de *a quién venderse*, se introdujo la idea de que «nadie los obliga a trabajar para nadie». En efecto, *nadie los obliga*, pero que esto sea una verdad no le quita lo desconsiderada porque no toma en cuenta que unos fueron despojados a favor de otros. Esto se conoce como acumulación originaria: los territorios fueron robados por señores feudales.

A la vez, la legislación combatió toda forma de ganarse la vida ajena al trabajo asalariado. Aunque eso fue hace siglos y tenemos otro presente, la mayoría de las personas continúan sin ser propietarias de capital y dependen del trabajo asalariado. Entonces caemos en la cuenta de que hay que cambiar la circunstancia. En efecto, también somos libres para cambiar la circunstancia, pero eso no significa que lo estemos haciendo. Hay que poner manos a la obra.

Igualdad

«Dividamos las posesiones de un modo igualitario, y veremos inmediatamente cómo los distintos grados de arte, esmero y aplicación de dada persona rompen la igualdad. Y si se pone coto a esas virtudes, reduciremos la sociedad a la más extrema indigencia».

David Hume

Primero que nada, hay que recordar que algo fundamental en las relaciones humanas es la diferencia entre cada individuo, aunque la perversidad humana podría crear sociedades más heterogéneas de lo que ya son hoy algunas.

Hay dos formas principales de desigualdad: la personal y la de poder. Las desigualdades personales enriquecen a las sociedades y es deseable que no desaparezcan.

Por otro lado, está la desigualdad en cuanto a la influencia sobre nuestro entorno: la desigualdad de poder. Uno debe evitar caer en irrealismos y fanatismos, pues siempre habrá, de un modo u otro, unos que tengan más poder que otros. Podría ser porque alguien es dueño de grandes propiedades privadas porque es más inteligente o simplemente porque es más carismático que la mayoría.

Lo que es inaceptable es que alguien tenga poder para controlar sociedades enteras, sea por medio de impuestos, regulaciones, recolección de datos, neuromarketing, formación de cárteles, etcétera. Los poderes privados y estatales pueden ser un gran peligro para nuestras libertades y formas de integridad personal. Google y Facebook son ejemplos de amenazas a nuestra privacidad; las empresas de comida son un peligro para nuestra salud; los impuestos son un robo a nuestro trabajo; las organizaciones criminales amenazan nuestra seguridad; los políticos violan siempre su «representatividad».

El capitalismo es un sistema profundamente autoritario por la gran cantidad de poderes que son supremos ante la mayoría de las personas. Suelen mantener su poder por medio de una calma constante suprimiendo cualquier cosa que amenace los privilegios privados y estatistas.

Es mucho más sano para una sociedad mantener la paz por medio de una igualdad entre poderes personales. Un ejemplo concreto de que la igualdad es funcional para la paz está en la Guerra Fría: la destrucción mutua estaba asegurada en una guerra nuclear y fue un factor decisivo para que esta clase de guerra nunca se hiciese realidad.

Capítulo 6
¿Qué carajo es el capitalismo?

«Si el capitalismo se tratase de libre mercado, entonces nunca ha habido capitalismo».

Noam Chomsky

El capitalismo, como concepto de referencia volitiva y de poder, es definido según el propósito de quien la define. Por ejemplo, Karl Marx lo define como un sistema determinado por y para relaciones mercantiles y lucrativas controladas por dueños de medios de producción en los que utiliza el trabajo del proletariado, cuyo trabajo *se les roba*; el capitalista se queda con el trabajo del proletariado que conserva una parte apenas.[1]

Además, tiene como unidad fundamental de análisis a la mercancía. Luego, los apologetas del capitalismo «liberal» (se llaman liberales, aunque sean dictaduras en muchos casos como en E.U., Chile pinochetista, Reino Unido o Singapur) describen al capitalismo como un sistema en el que los hombres se asocian con la mayor libertad posible y por medio de sus esfuerzos conjuntos y competencia generan riqueza. Así se suele entender, a grandes rasgos, al capitalismo, pero la visión «liberal» (de algunos liberales) es un tipo ideal que falla al ser contrastado con la realidad. La visión «liberal» emite un relato histórico y económico de un capitalismo místico que en forma y fundamentos difiere del capitalismo real. Esto ocurre porque hay propagandistas e ideólogos de derecha que pierden de vista que el capitalismo no es producto de ninguna ideología, por lo que dichos como «el keynesianismo no es capitalismo» o que «capitalismo y libre mercado son sinónimos» resultan, por decir lo menos, erróneos.

Es posible decir que hay dos acepciones correctas de capitalismo:

1.- Además de la definición marxista, el sistema al que la izquierda ha nombrado «capitalismo»: un sistema con mercados deformados, privilegiados, en los que el Estado tiene un contubernio con los aliados de sus miembros importantes. Tiene 5 características: el dinero como equivalente general de valor, la producción para el lucro, la primacía del mercado, la propiedad privada de los medios de producción y la contradicción de intereses entre los trabajadores y el capital. Es a esto en lo que nos centraremos, pues es la realidad capitalista.

2.- Cualquier sistema de producción congruente con la teoría del capital: ahorro, inversión, crecimiento como factores fundamentales. Esta última acepción solo puede usarse para mera explicación académica que busque rigor. Es muy importante que no se confunda con la primera acepción, que bien puede entrar en esta segunda, pero esta segunda es un todo que puede tomar formas diferentes a las que han aparecido en la historia.

La visión marxista se equivoca en cuanto a la teoría de la plusvalía. Además de la fuerza de trabajo, se requiere de un capital, el cual rendirá una ganancia a lo largo del tiempo, y no se puede perder de vista que los bienes de capital requieren de un financiador para ser adquiridos. Sin embargo, aunque pruebe que no se le roba al trabajador, no debe desvincularse a la fuerza de trabajo de la creación de riqueza, como si no se dependiera del trabajo.

La ciencia sí debe de ser muchas veces cuestionada, más no inútilmente, pues es vano debatir, por ejemplo, las fórmulas físicas básicas. La ciencia ha sido heraldo de progreso, pero también es un instrumento de dominación por medio del desarrollo y legitimación del discurso científico, además de la creación de instrumentos de dominación biopolítica. Entonces, cuestionando a la ciencia como única metodología válida, podemos, con aún más poder, cuestionar los paradigmas sociales. El capitalismo siempre ha sido un sistema de privilegios de mercado, imperialismo, dominio de clase y opuesto a la autogestión de las personas. Sin embargo, en el siglo XX se le comienza a dar una renovación discursiva que ha tenido un saldo de muchos lavados de cerebro. De entre los actores de esta renovación discursiva destacan principalmente Mises, Hayek, Friedman, Reagan, Thatcher, Ayn Rand, Rothbard, La Sociedad Mont Pélerin, etcétera. También se continúa en este siglo con algunos actores influyentes en las opiniones internacionales: Gloria Álvarez, Hans-Herman Hoppe, Javier Milei, Daniel Lacalle, Cato Institute, Prager University, todos ellos representan una confluencia que se distribuye por medio de internet, principalmente. Gloria Álvarez es una agente muy importante en el convencimiento de jóvenes en América Latina sobre la validez capitalista. De hecho, todos tienen la labor que empezó Fukuyama: totalizar al capitalismo occidental en su validez, hacernos creer que no puede haber otras formas de sociedad, tanto por consideraciones morales como funcionales.

No caer en la mentira «liberal»

Hoy, los liberales capitalistas dicen que el valor del capitalismo es la libertad y la propiedad privada, que los empresarios son benefactores sociales y que ahí radica su riqueza.[2]

Aunque bajo el capitalismo se hayan desarrollado formas de vida menos tiránicas, la verdad es que el capitalismo no ha sido simplemente un sistema de libertad. Siempre, desde la acumulación originaria, se ha tratado de un privilegio. Por ejemplo, en Estados Unidos se subsidia el petróleo y el campo, y así es como la economía se ha desarrollado. Además, abundan las prácticas proteccionistas. En la década del 2000, una amenaza de juicio por parte de empresas estadounidenses obligó a empresas mexicanas a subir el precio de sus tomates para que los de Estados Unidos no perdieran su competitividad. Esto ocurrió después de una falsa acusación de *dumping*.[3]

El capitalismo se ha desarrollado en todas partes, no solo en Estados Unidos, con privilegios y los mercados deformados que conllevan esos privilegios.

En todo el mundo se han reprimido duramente los movimientos populares contra las injusticias capitalistas. El acortamiento de las jornadas y los derechos laborales costaron sangre.[4] Es además perfectamente perceptible que el capitalismo se ha expandido por el imperialismo y el neocolonialismo. Los mercados en el mundo no se abrieron por cooperación individual, sino por imposición a punta de pistola, acuerdos cupulares y dictaduras. Solo alguien en ignorancia histórica pensaría que el capitalismo, como realidad social, se basa en libertad. Ese capitalismo de libertad jamás ha ido más allá de la fantasía. Siempre ha tratado de privilegio, represión y dominio de clase. En toda la historia del capitalismo no ha habido nunca libre mercado, pues ha habido en vez de ello un mercado protegido y objeto de impuestos.

Aquí es notable el caso de la colonización hindú, aún ejemplar y sumamente significativo. India fue colonizada y saqueada para fortalecer el revolucionario y novedoso capitalismo industrial en Reino Unido. A su vez, la industria manufacturera hindú fue planificadamente desmantelada para que aumentasen las importaciones de Reino Unido, cuya industria iba viento en popa.

Cuando se consideró que era el momento oportuno, se promovieron políticas de «libre mercado», que no fueron sino la expansión de mercados para las mercancías que no podían consumirse solo en Reino Unido. ¿No es esto análogo a los tiempos que justamente acaban de pasar? Por esto es legítimo hablar de «neoliberalismo».

El Tratado de Libre Comercio (TLC) y el Tratado Transpacífico (TTP) son ejemplos excelentes para demostrar lo que significa el «libre mercado» en el capitalismo: libertad y privilegios para los aliados de los gobiernos. Toda forma de colonialismo y guerra es importante para expandir la productividad y los mercados. El colonialismo, en su manera incipiente de dominio de las poblaciones originarias de América, África y Asia se fundamenta en el saqueo de los recursos por medio de la dominación promovida por los imperios. Hoy es por medio de las multinacionales y trasnacionales de los países globalizadores, como Estados Unidos o Reino Unido. Estas formas de dominio son un factor geopolítico.

El decir que en el capitalismo fomenta la ciencia y el progreso de la mejor manera posible es una de las mentiras que difunden los apologetas del capitalismo. El que la Unión Soviética no abrazara al capitalismo no le impidió competir en logros tecnológicos; incluso en el capitalismo hay invenciones subvencionadas o hechas por el Estado. El capitalismo, en cambio, lo estorba en ocasiones. Que no nos sorprenda enterarnos de notables inventos que llegaron a ser un peligro para el mercado de los grandes capitalistas y que fueron suprimidos. Muchas empresas alimenticias representan riesgos sanitarios con sus mercancías, cuyo objetivo no es más que el hacer dinero a costa de los efectos nocivos hacia la salud que intentan mantener en secreto. En el caso de los transgénicos es ilegal, en ocasiones, incluso investigar por cuenta propia los daños y efectos secundarios que pueden tener.[5] El régimen de propiedad intelectual también retrasa los avances. En ocasiones, se escuchan voces que claman por una mejor salud o porque denuncian los efectos nocivos de ciertos alimentos. Desgraciadamente, esto es tan insuficiente como los impuestos que se les pone a ciertos productos «chatarra», a los cigarros y al alcohol. Los datos son claros: existen 1900 millones de personas con sobrepeso y obesidad en el mundo, aproximadamente.[6]

Libertad económica y su «índice»

Las libertades en el sistema capitalista degeneran en simple libertad de mercado.

La organización que publica el índice de libertad económica es la *Heritage Foundation*, y es publicado por *The Wall Street Journal*. La *Heritage Foundation* es una promotora de políticas neoconservadoras en Estados Unidos desde 1973. Es bien sabido que esta organización fue un conducto del gobierno gringo para brindar ayuda militar de estrategia política y discursiva a movimientos anticomunistas en Sudamérica y África. Entre las demás cosas reprobables de esta fundación *amiguista* del gobierno está el haber apoyado la guerra de Irak, negar el cambio climático y tener en su consejo a personas que trabajaron al lado de Donald Trump en su camino a la presidencia. Pero el camino a la refutación de su discurso procapitalista y las implicaciones de su índice no es por medio de la satanización de esta organización.

El mundo es mucho más complejo que solo el mercado. El libre mercado «puro» (una fantasía) funcionaría solamente donde haya poca infraestructura y actividad económica, pues permite que con el tiempo se invierta en la zona y esta progrese. Pero con el tiempo, con los disloques de la vida tradicional inherentes a la sociedad de mercado, se necesitaría dirigir recursos a la estabilización y control de la sociedad.[7]

En efecto, esto es teórico, pues en la globalización económica entera no ha habido tal cosa como libre mercado, ya que la sociedad misma se ha protegido de la mercantilización de la sociedad.

Países que suelen ser asociados al libre mercado son los «Tigres Asiáticos» (Corea del Sur, Taiwán, Singapur y Hong Kong, lugares que en el siglo pasado tenían sociedades principalmente agrícolas y hoy tienen un gran IDH y PIB).

Según las calificaciones del índice de libertad económica de la *Heritage Foundation*, Hong Kong es el más libre: 90.2/100. Singapur está en segundo lugar: 88.8. Taiwán en decimotercero: 76.6/100. Corea del Sur en vigésimo séptimo: 73.8. México tiene 64.8 y está en el lugar 63. Las dos economías más grandes, China y Estados Unidos, tienen las calificaciones de 57.8 y 75.7 respectivamente.

Este índice es un instrumento discursivo del capitalismo y su metodología es cuestionable, por decir lo menos. Hay que comparar este índice con el de «libertad» del *Cato Institute*, otro propagandista de derecha.

Estos índices son falaces y tienen por propósito hacer propaganda pro-*status quo*, pues además son sugerentes de que el capitalismo es la única vía al desarrollo.

Economía, poder y constructivismo

Es una tomada de pelo totalizar prácticas económicas como las únicas válidas. Esto lo hace el ala fanática de la escuela austriaca (Rothbard, Hoppe y otros pensadores irrealistas); al menos Keynes era flexible. Caer en sus fantasías es muy peligroso, pues estas totalizan la libertad y las prácticas económicas válidas. Hay que tener siempre presente que el conocimiento no se descubre, se construye. La realidad asimismo se construye y evoluciona por medio del conocimiento (que se simboliza lingüísticamente) y de los sentidos. La realidad en su conjunto termina siendo la intersubjetividad fluyendo en relaciones de poder, de ahí que haya puntos de vista que se impongan sobre otros.

Es un pleonasmo decir que no hay verdad absoluta, pues toda verdad puede ser desafiada y destruida. Aquí la cuestión principal no es la razón, sino el poder. En la historia siempre se ha tratado de poder, y durante los últimos tiempos la razón y la ciencia han sido sus más efectivos instrumentos. La ciencia ha llegado a tener tanta importancia que hasta Marx y Freud trataron de darle validez científica a su pensamiento. Los economistas liberales hacen lo mismo con su pretendida *validez científica*: blindar ideológicamente su pensamiento ante los cuestionamientos «no científicos».

Se puede incluso objetar contra las leyes de la física desde una postura radicalmente posmodernista, pero sin una aplicación práctica al final. Lo que podemos cuestionar es la mentalidad newtoniana-descartiana, a la que nos orientan, desde la cuna, la escuela y los medios. Llegamos a convencernos de una terrible herencia de los griegos clásicos. Esa herencia consiste en que pensemos que solo hay una verdad, en valorar a la *razón* por encima de todo. En palabras de Platón, lo inteligible. Y su herencia sigue en Hegel con la idea del universal absoluto; con Kant en el imperativo categórico; con Rand en el objetivismo. La primacía de la «razón», junto a la falta de sospecha, ha dañado en demasía al mundo.

Tengamos en mente a los números cuánticos. No podemos saber en dónde está un electrón en un determinado momento, pero sí la probabilidad. Aun así, al final las probabilidades te alcanzan. Hay una gran peligrosidad para el hombre de caer en el alcance de las probabilidades.

Hemos visto en películas algoritmos que determinan si alguien crecerá para ser peligroso o que predicen qué cosa hará cierta persona. Esto ya ocurre en la vida real. Está el proyecto *Prism*, un programa de vigilancia electrónica desarrollado por la Agencia Nacional de Seguridad.[8] Este programa básicamente conoce nuestras búsquedas de internet y nuestros datos privados. Los gigantes electrónicos, como Apple, Google y Facebook, se niegan a colaborar con dicho sistema. Sabemos que Google nos espía y que Facebook no ha sido cuidadoso con el manejo de la información privada de la gente. En fin, un programa que prediga nuestras acciones futuras con base en cierta cantidad de información sobre nosotros está a la vuelta de la esquina, si no es que estamos ya ante él. Esto significa aún más facilidad para dominarnos y, para su funcionamiento, es necesaria la violación de nuestra privacidad por medio de una vigilancia casi omnipresente.

Ante el aparente triunfo que tendría la ciencia sobre la impredecibilidad del hombre, hay que mantener la esperanza de que las personas, con nuestra voluntad y vivacidad podamos derrotar cualquier determinismo, tanto filosófico como *científico*. No somos números, sino personas. Si las probabilidades nos alcanzan es quizás porque hemos perdido humanidad y nos falta una vida en la que haya más libertades para cada persona. En cada hombre vitalista está la esperanza de que su vitalidad se expanda a los otros.

Si incluso aquellos programas súper avanzados pueden fallar en sus predicciones, con más razón podemos salirnos del pensamiento económico ortodoxo, al que tenemos que ridiculizar y refutar hasta donde sea necesario. Hay dos economistas que se han dicho puramente consecuentes con el capitalismo: Rothbard y Hans-Hermann Hoppe. Estos hombres han desarrollado los más numerosos aportes al anarcocapitalismo como idcología. Rothbard fue un escritor multidisciplinario que cae en el fanatismo del mercado y llega incluso a justificar la venta de niños en su libro *Ethics for liberty*. Su pensamiento lleva al extremo los principios del liberalismo económico y de propiedad privada. Aquí podemos pensar en cómo funcionaría la ley en un contexto sin Estado. Se basaría en un sistema de derecho privado sin observancia pública (el derecho privado suele ser observado por el Estado), así como Hoppe propone.

El problema es que, en su pensamiento, esto implica la necesidad de un gobierno privado, específicamente por medio de competencia comercial entre sancionadores y aseguradores. O sea, algo que podríamos enmarcar como «neofeudalista». De hecho, Hoppe hace muchos guiños a los monarquismos históricos, justificándolos con su dogma anti-Estado (tomando en cuenta que el feudalismo precede al Estado moderno) y extendiendo lógicas económicas en aspectos políticos donde tienen menor cabida. Sostiene, por ejemplo, que el rey tiene un mayor incentivo en cuidar el rendimiento de sus tierras que un presidente electo democráticamente, compara al rey con un dueño y al presidente con un arrendatario de la tierra. Aunque se desdice del monarquismo, llega a decir que es un mal menor en comparación con la democracia.

Señalamientos al fanatismo de mercado

Al atacar las ideas, no hay que atacar los puntos débiles sino enfocarnos en los puntos fuertes, en los fundamentos. Hay dos argumentos principales de los fanáticos del mercado que pueden ser refutados:

1.- El más aceptable, pero también el menos sincero, se trata del «respeto a la libertad individual», cosa que, cuando viene de un apologeta del capitalismo, suele ser un achaque funcional a las desigualdades y el dominio de clase. Esa propiedad se ve violentada con nacionalizaciones, asignación de recursos, reasignación de propiedad (como en la crisis de los comunes), subsidios (quitar el dinero a unos para dárselo a otros). Todo esto es actividad estatista sin la cual el capitalismo no se hubiera desarrollado. El fanatismo de mercado, además de ser voluntarista (como actitud contraria al realismo), construye un mito del capitalismo ignorando a la historia.

2.- El otro se trata de la idea de que el libre mercado es más eficiente que las formas estatistas del capitalismo. Nunca ha habido libre mercado y el capitalismo no ha tomado otra forma que carezca de los privilegios estatistas.

Karl Polanyi nos habla sobre lo peligroso de caer en la mentira de carácter místico del mercado regulado por la mano invisible. Por un lado, es comprensible que el liberalismo económico hubiese concebido al libre mercado como un mecanismo que asegurase la libertad de todos, pero la creación de la idea de la mano invisible parece una legitimación totalizante de la funcionalidad del libre mercado, pues lo inintencionado (la mano invisible) puede llegar a crear condiciones donde varios miembros de la sociedad se opongan a continuar cooperando, así no solo protege a la libertad, sino que no hay nada más eficiente, nada mejor. La sociedad comercial sí ha sido la mejor, pero las cosas no son así de fáciles. Y así, muchos han caído en el fanatismo del mercado, unos funcionales a los imperios, otros solo como votantes y otros como apologetas de prácticas políticas que aprovechan los Estados y las corporaciones *amiguistas* (los intelectuales).

Posiblemente una liberación total del mercado en las condiciones actuales nos conduciría a una crisis ecológica más rápido de lo que el capitalismo *amiguista* lo ha hecho, o conduciría a una sociedad tan incierta como socavar las posibilidades de continuidad. Esto se ha impedido por la protección que llega a ser el Estado contra los buscados abusos corporativos: ¿privatizar el agua? Quizás un grupo parlamentario elegido democráticamente lo impide. Así, sea por cuestiones meramente políticas, se ha impedido que los capitalistas arruinen y se adueñen aún más del mundo.

En tiempos anteriores, las clases dominantes necesitaban ceder de su poder para mantener estable la sociedad por medio de cierta distribución de riqueza y garantías para las clases populares. Esto era para prevenir levantamientos socialistas. Hoy en día pocos quieren repetir esos experimentos que solo han acabado en tiranía, pero eso no significa que no podamos pensar en nuevas alternativas.

Democracia y representativismo

«El espíritu individual no es un enemigo de la democracia, sino más bien su garantía».

Antonio Escohotado

En la democracia original, la ateniense, la democracia era entendida no como un sistema representativo, sino como un sistema en el que cada uno se representaba a sí mismo y en la que las investiduras de los cargos no implicaban el ceder representación. No había reyes, los cargos eran sorteados y las decisiones eran tomadas por los ciudadanos. La mayoría de la población ateniense era, sin embargo, esclava.[9] No eran tan congruentes ni tan benevolentes, pero nos dejaron buenas ideas. Cabe también recalcar que la democracia se veía impedida a cambiar el derecho y se limitaba a legislar para conservarlo.

La perversión orwelliana que implica llamar democracia a la representatividad es producto de siglos de propaganda oligarca que supone que el dar el poder al pueblo no es viable. Los mismos conservadores que fundaron la más antigua «democracia» aún existente (Estados Unidos) se consideraban antidemocráticos,[10] como se verá más adelante. Hay que entender a la independencia estadounidense como una revolución conservadora, no liberal.

Por otro lado, veamos a los liberales del siglo XIX:

«Nunca ha habido democracia y no puede ser tan duradera como la monarquía o la aristocracia, pero, mientras dure, es más sangrienta que cualquiera de esas dos», dijo Tocqueville, quien también externó:

«No le temo al sufragio. La gente votará lo que se le diga. En cambio, alguien que guarda vigencia y sabiduría respecto a la democracia es Montesquieu: La democracia debe guardarse de dos excesos: el espíritu de desigualdad, que la conduce a la aristocracia, y el espíritu de igualdad extrema, que la conduce al despotismo».

No vivimos en democracia y los pocos espacios democráticos del mundo tienen apenas una pequeña influencia en la política. Sin embargo, cada espacio puede crear mecanismos cada vez más democráticos en la manera en que se crea adecuada.

«Socialdemocracia» en el capitalismo: la anestesia de los pueblos

«La socialdemocracia mantiene al pueblo dominado por medio de ciertos programas sociales y servicios "gratuitos", como la escolarización y la medicación. Mitiga al capitalismo y maquilla su rostro, además de que la vista común queda nublada por ese servicio de escolarización, esos medios de comunicación capitalistas y la biopolítica, que llega a ser la medicación».

La «democracia» representativa no tiene nada que ver con el poder para la gente. En la práctica, los políticos tienen que saber cómo ascender en el poder. Nosotros como libertarios, además de tener que actuar desde el Estado, también tendremos que usar los mecanismos democráticos para ejercer el poder desde adentro y arriba del mismo. La avalancha liberadora se debe dar desde todos los lugares, incluso desde arriba de la pirámide de poder y desde adentro de ella.

Por otro lado, el Estado de bienestar no nace en la izquierda, sino con Otto Von Bismarck, quien, en seguimiento de la tradición estatista alemana, aspiraba a hacer a las personas dependientes del Estado. Estas políticas siguieron llegando a los gobiernos, hasta que los economistas institucionalistas lo instauraron también en Estados Unidos en los años 30. Luego, sería reforzado por el keynesianismo, la escuela económica misma que nos quiere hacer dependientes del Estado.

No podemos permitirnos seguir con el jugueteo de las élites, falsamente llamado democracia. La «democracia» representativa es una farsa, pues ni los legisladores ni los jueces ni los presidentes suelen representar en realidad a sus votantes. Tenemos que aspirar a una sociedad donde sea uno el que hable por sí mismo y que no haya lugar para mentirosos que digan representar a quienes son personas desiguales en poder, carentes de sus privilegios políticos, por así decirlo, sus dominados.

La democracia representativa, la democracia occidental es una anestesia, un placebo, la mera continua legitimación de la hegemonía capitalista y un atentado profundo a la libertad, pues su funcionamiento depende de la manipulación. Vayamos con ejemplos.

En Estados Unidos, la dicotomía Republicana-Demócrata no ha diferido en el nivel de imperialismo, intervención, espionaje, vigilancia y privilegios. Difieren notablemente en cuestiones de programas sociales y en cuestiones progresistas, pero sin salirse de la derecha ni del paradigma capitalista. Trump-Hillary es un ejemplo muy bueno. Ambos mostraron sus simpatías por movimientos LGTB, ambos se ubican en el espectro de derecha autoritaria y son parte del mismo sistema. Hillary apoyaba el TPP, una forma de *amiguismo*, privilegio empresarial e imperialismo. No obstante, Trump no lo hizo, pues su apoyo depende de un discurso propositivo para «proteger el empleo de los estadounidenses», pero su política económica sigue siendo *amiguista*. Hillary permitió intervenciones militares de Barack Obama con objetivos geopolíticos que cobraron numerosas vidas. Estados Unidos seguirá tratando de mantener su hegemonía, ya sea con demócratas o con republicanos.

En México, como en todos los países, se permite que la élite, dirigiendo la economía, se imponga sobre la libertad de los pueblos. Hay que permitir que las personas sean participativas en la producción para que sea más democrática, pues hoy vemos que las corporaciones evidentemente pueden más que un individuo sin tanto dinero como ellos.

En el caso de México, después de una continuidad de luchas entre diferentes bandos durante la no tan adecuadamente llamada «Revolución Mexicana» se impone un partido que nace como Partido de Estado, el PNR (hoy PRI). Se funda para que un caudillo segundón de la revolución, Plutarco Elías Calles, mantuviera una hegemonía por encima de los que le hubieran seguido como presidentes. En 1936 llega al poder un hombre que se zafa de su dominio y le destierra. El gobierno tuvo prácticas socialistas *a la mexicana*, o sea, profundamente corruptas y también terminó de afianzar el dominio del PRI por encima de los sindicatos y la sociedad en su generalidad. Después siguió un periodo de más de 60 años de dedazo presidencial.

El partido, en 1942, comienza a moverse a la derecha e hizo fraudes electorales por décadas para seguir siendo el partido completamente hegemónico. En 1988, con el neoliberalismo comienza un compadrazgo entre el PRI y el PAN.

El PAN fue un partido fundado por fascistas y demás variedades de derechistas en 1938 en reacción al periodo izquierdista de 1936-1942. El partido se movió a corrientes más democráticas y, desde hace décadas, los propiamente fascistas de ese partido son insignificantes. Se comienza a ceder la hegemonía priísta para moverse a un PRI-PAN y se aprueban privatizaciones *amiguistas* de casi todas las empresas públicas (que eran miles). Se ceden gubernaturas al PAN, el cual comienza a crecer como un partido populista de derecha. En el 2000, el PRI le cede la presidencia al PAN engatusando al pueblo mexicano con la expectativa del fin de un régimen corrupto, lo que llevó a la decepción de los votantes. Esto se ve reflejado en las elecciones del 2006 cuando el Partido de la Revolución Democrática, un partido socialdemócrata nacido de una escisión del PRI a finales de los años 80, es acusado.

En 2012 se repite la historia con el mismo candidato del PRD. El PAN continúa en contubernio con el PRI. En el 2017 comienzan fricciones entre sus cúpulas ante el debilitamiento priísta. En el momento que escribo esto, Andrés Manuel López Obrador, el candidato que sufrió el fraude en el 2006 y en el 2012, se encuentra alrededor de 20 puntos por encima del segundo lugar para las elecciones del 2018. Esta vez no será sencillo cometer un fraude y lo más posible es que la izquierda reformista finalmente logre ganar la presidencia. Tengo la expectativa de que la izquierda desmantelará las redes corruptas en su mayoría, pero ni el Estado más rojo le daría a su pueblo autogestión y libertad.

Los partidos socialistas de España y Francia lo son solo de nombre. Hay que recordar que en Francia trataban de aprobar una reforma que desprotegía al trabajador. El PSOE en el poder fue solo un impulsor progresista que no supo manejar la crisis económica y trató de combatirla infructuosamente.

La alternativa a la democracia representativa no puede simplemente ser la democracia directa por la gran cantidad de personas que somos, entonces debe buscarse democracia en las empresas, educación y una mejora en las instituciones que permitan un aumento de participación ciudadana. La «democracia» hoy es un juego de élites.

Hay un aforismo libertario muy bello: Ni dictadura ni democracia; anarquía.

Sobre la libertad en un libre mercado y los males del Estado

«A lo que nos referíamos por "libre comercio" era nada más que, por los medios y gran ventaja que disfrutamos, a conseguir un monopolio de todos sus mercados por parte de nuestros manufactureros, y prevenirlos a todos de llegar a ser naciones manufactureras».

Henry Clay, exsecretario de
Estado de Estados Unidos

Empiezo aclarando que soy un sincero defensor de la sociedad comercial, que no se confunda esto con la apología al dominio de clase ni al elitismo. También cabe aclarar que en este título por libre mercado me refiero al tipo ideal de mercado no deformado, el mercado en un contexto anárquico. El libre mercado, en la realidad, es un recurso populista, aunque sí hay mercados menos restringidos que otros.

El Estado es un instrumento de clase dominante por ejercer poder superior y legitimar privilegios por medio de mandatos, legislación y discrecionalidad para así controlar a las poblaciones por medio de programas sociales, legislaciones que limitan el campo de actuación, secretismo represor, discrecionalidad para asignación de recursos, etcétera (por ejemplo, de primera mano el PRI se veía beneficiado en zonas rurales de Irapuato pues había apoyos que eran entregados a cambio de votos). El Estado por sí mismo genera una clase parasitaria por sí mismo, porque el Estado es incapaz de sostenerse por sí mismo si no es saqueando a las personas por medio de impuestos. Los políticos del Estado profundo (*deep state*) representan lo más alto del parasitismo estatista junto con las corporaciones que reciben subsidios, condonaciones de impuestos y violencia legítima para encargarse de los movimientos sociales peligrosos para lo políticamente establecido. Los policías, militares también son pertenecientes a la clase estatista. Aunque según sea menor el grado, tienen una situación desafortunada análoga a, como los votantes, quienes participan en la elección de varios de sus parásitos y protegen al sistema que les expolia y controla.

Pero hay otra cuestión respecto al Estado y la relación con sus principales operadores: suelen tener cierta democracia, a pesar del representativismo. Esto hace que no puedan quitar ciertas protecciones a las clases oprimidas, protecciones contra posibles abusos empresariales que costaron sudor y sangre obrera. Hay ciertas corporaciones que dependen de los privilegios que les da el Estado, por lo que no permitirían un verdadero libre mercado, ni al menos un mercado sin privilegios. Esto es algo que incluso Milton Friedman lo señala. Aun así, les es conveniente el debilitamiento de sindicatos y la precariedad laboral en nombre del bienestar económico.

Imaginemos que de repente vivimos en un mundo anarcocapitalista: el dominio sería de las más grandes empresas y corporaciones. Ya es así, pero al menos tenemos conquistas hechas con sangre, como las prestaciones, los seguros sociales, las vacaciones, el salario mínimo o la jornada de 8 horas. Sin Estado, un trabajador quedaría completamente bajo la disposición de los empleadores, sin poder sublevarse ante la vigilancia y los ejércitos privados. Los más libres, por ser los más poderosos, serían los hombres más ricos.

El cambio está en todos nosotros

En México sabemos que hay una frase típica de los votantes de derecha: el cambio está en uno mismo. La verdad no sé cuántos cambios en sí mismo requiere un padre de familia para poder alimentar a su familia con el salario que ofrecen los oligopolios nacionales. Aun así, estoy parcialmente de acuerdo con esa frase en cuanto a que implica no atenernos a las acciones de los políticos y cultivarnos a nosotros mismos, pero estoy en desacuerdo en que debemos desentendernos de lo político. Si queremos transformar a la sociedad también tenemos que hacerlo desde nuestra actividad individual y colectiva al margen o desde el Estado, aunque esto último requiere la construcción de alternativas políticas.

Si nos dejamos llevar por individualismos y atomizaciones sociales, ¿cómo podemos aspirar a la sociedad? Nadie hace cosas grandes meramente por sí solo. Hasta los emprendedores más brillantes han necesitado de trabajadores y consumidores.

Sobran ejemplos de transformaciones sociales al margen de los Estados: Movimiento Okupa, *Occupy Wall Street*, el Movimiento del 68, los eventos de la Plaza Tahrir, la Revolución de la CGT, etcétera.

En el ensayo del Doctor Gilman-Opalsky, *Marxism not statism*, se nos demuestra que la orientación triunfadora de la izquierda en este siglo tiene que ser heterodoxa. No podemos quedarnos en el paradigma de una izquierda que ponga al Estado en alta importancia. Por un lado, uno desearía no necesitar cosas como un acceso universal subsidiado por un Estado, sino una sociedad donde todo tratamiento estuviera al alcance de todos, brindados por cooperativas. No podemos quedarnos en el gastado paradigma estatista de la izquierda. Este paradigma está demasiado atacado y ha demostrado ser insuficiente para el bien común: la socialdemocracia es un placebo y el social-estatismo real es endeble que puede ser acusado de ineficiente y que no termina la verticalidad social, sino que acentúa la desigualdad entre los ciudadanos de a pie y los administradores de la igualdad.

Hay cosas que son perfectamente exigibles actualmente para el Estado, principalmente servicios públicos de calidad y seguridad, pero pedirle más facultades al Estado termina en pedir menos libertad para uno mismo. Si queremos fortalecer la existencia de propiedades colectivas, no es la manera correcta el pedir nacionalizaciones de empresas y que el Estado se adueñe de estas, aunque llegaran a ser propiedad del Estado, ya que, al ser también llamadas públicas, se le confunde con propiedad colectiva.

Otra cara en relación con expectativas estatistas es la libertad de expresión, que muchos gustarían coartar en nombre de la corrección política. Creo que un discurso verticalista en forma de sátira puede perfectamente combatirlo con más sátira; un discurso dado en argumentos también puede ser contraargumentado, y un discurso de odio agitador e irracional puede ser perfecta y legítimamente inhibido y combatido por medio de una violencia censuradora. Cuando los grupos antifascistas del mundo salen a golpear xenófobos y nazis manifestando sus ideas, están justificados moralmente, pues son ideas peligrosas de ser expandidas. Y no solo se trata de la justificación moral, sino de su practicidad política que dejará de existir cuando se embosque del mismo modo a un *tory* o republicano que a un fascista como Richard Spencer. Cada quién tiene que juzgar su circunstancia y tratar de hacer lo mejor de esta.

¿Golpear a los libertarios de derecha por sus ideas? Eso estaría injustificado, pues no suelen apelar a la censura y daño del contrario, además de que no sería necesario.

¿Golpear nazis? Si no te preocupa que algunos te vean mal y el peligro no parece tan grande, adelante.

Podemos y debemos empezar a luchar sin que *papá* Estado nos ayude. Es bueno tener un gobierno simpático con la izquierda, por razones prácticas ya mencionadas, pero muchas veces no tendremos a ese aliado en las instituciones legislativas y judiciales.

Líber González

Capítulo 7
Física clásica contra física moderna[1]

«Hasta hace muy poco, aceptábamos que la evolución de los organismos se producía según las pautas expuestas por Darwin, y que la evolución del mundo material compuesto por rocas, aire y océanos evolucionaba según decían los libros de geología. Pero la teoría de Gaia ve estas dos evoluciones anteriormente separadas como parte de una única historia de la Tierra, en la que la vida y su medio físico evolucionan como una sola entidad».

James Lovelock

«Yo desconfío de lo simple, me encanta lo complejo».

Antonio Escohotado

Paradigma Cartesiano-Newtoniano

Los padres de la física clásica son Descartes y Newton, quienes nos dan una visión mecanicista del mundo que ha infiltrado cada parte de nuestra sociedad, que se ha apoderado de nuestras mentes y, por tanto, de nuestra manera de vivir.

Cuando nos planteamos resolver los más básicos problemas de física necesitamos una situación ideal en la que eliminamos la consideración de cosas que están normalmente influyendo en la cuestión. Esa situación ideal rara vez se da en la vida real, más que en situaciones fuertemente controladas, por ejemplo: un problema que pide saber en qué momento estará en determinada altura un objeto lanzado hacia arriba con determinada velocidad inicial y con un determinado ángulo de tiro. Esa pelota ha de caer por la gravedad en cierto punto, por lo que habrá dos momentos en los que toque ciertos puntos en Y, cuando subió y cuando cayó. Tengo una aceleración negativa de 9.81 m/s^2, una velocidad inicial de 500 m/s y sé que en algún momento la velocidad será 0. Obtengo mi resultado: a los 27 y 74 segundos aproximadamente estarán en la misma altura.

¿Y qué hay del aire y el cómo estorba a esa fuerza? ¿Y el polvo? ¿Y si había alguna corriente de aire que desviara la trayectoria y por tanto la altura? La física muchas veces requiere de contextos ideales y esta situación llega a ser más fácilmente expuesta en la física basada en sus conceptos clásicos.

La física moderna la encabeza Einstein, pero se olvida siempre a un importante personaje de la historia: el inglés James Lovelock, creador de la teoría Gaia.

Este hombre descubrió las correlaciones y causalidades entre las atmósferas de la Tierra y Marte con la abundancia de vida de la Tierra y con la nula vida de Marte. Se da cuenta de que la vida adapta al planeta para sí mismo. Esto se prueba con la composición de la atmósfera del planeta. La Tierra entonces adquiere un carácter, por así decirlo, de organismo vivo en el que todo lo que pasa cuenta, en el que la correlación y la causalidad son cosas inevitables. Entonces: **todo está conectado**.

Es importante hacer notar que entonces la física moderna se diferencia de la física clásica por tener muchas más consideraciones para el desarrollo de las ideas. No hay maniqueísmos. El principio de incertidumbre representa una idea que se puede infiltrar en la mente de las sociedades. Este principio establece la imposibilidad de que determinados pares de magnitudes físicas observables y complementarias sean conocidas con precisión arbitraria.

Y con estas ideas permeando en la sociedad es menos posible que la gente caiga en valoraciones sociales absolutas. Es una confluencia con el descubrimiento de la sociedad compleja, una sociedad profundamente dinámica cuyos movimientos no pueden ser entendidos ni conocidos del todo por ningún agente, en el que la incertidumbre es lo único terminantemente seguro.

Zeitgeist

«Lo que cae hay que empujarlo».

Nietzsche

El paradigma descartiano/newtoniano muere. Este es en gran parte responsable de los valores sociales actuales, de la primacía de las ideas del dominio, sobre los otros y sobre la naturaleza con un fin productivista. Su caída puede significar también el fin del capitalismo. Hay que darnos cuenta del tiempo en que estamos, un tiempo de revolución.

Un estudio hecho en los años 90 por los sociólogos Paul Ray y Sherry Anderson llamaron «creativos culturales» a los miembros de un segmento social que parecían desafiar los valores establecidos. Según su estudio, de los años 70 a los 90 los miembros de este segmento crecieron de 4 % (mitad de los 70) a 26 % en 1999.[2]

El estudio clasifica a los «creativos culturales» como personas que aprecian valores humanos, de la comunidad, del medio ambiente, cosas que no pueden ser cuantificadas; rechazan los valores dominantes: tener más cosas, materialismo, avaricia, narcisismo y darle importancia al estatus social. También son críticos con los grandes Estados y las grandes compañías. Este estudio y los levantamientos sociales del inicio del siglo, como el caso de la Plaza Tahrir o el movimiento de *Occupy Wall Street* deben dejarnos algo claro: un espíritu nace. El *zeitgeist* está aquí, pero no ha encontrado el cuerpo para encarnarse, pues ninguno de los maduros es digno y no encarnará en cadáveres.

Capítulo 8
Izquierdismo no es estatismo

«Dogmatismo es preferir prejuicio a juicio, legislación a derecho y lo acostumbrado al libre examen».

Antonio Escohotado

Innumerables usuarios en Facebook han llegado a llamarme *ignorante* por nombrar a mi página «Izquierda libertaria», diciendo que el libertarismo y la izquierda son incompatibles, que nosotros solo queremos, como izquierdistas, que el Estado nos resuelva los problemas. No ha faltado el clásico «vete a Cuba».

Tampoco han faltado errores por la ignorancia en historia, como «socialismo libertario es una contradicción». Aquí haré un paréntesis en cuanto a una mentira que tanto repite la propaganda derechista, que más bien es una verdad a medias y un error en rigor: que el socialismo es planificación centralizada, la profunda restricción de las libertades por medio de los impuestos y la estatización.

Es verdad que muchas veces el socialismo, en sus casos más famosos, ya sea en Venezuela o la Unión Soviética, entre otros, ha sido toda esa tiranía de la que es acusado. El socialismo se trata de que, de manera estatista o voluntaria-colectiva se gestionen las actividades económicas. El socialismo estatista le miente a la gente diciéndole que será dueña de su trabajo cuando la empresa sea «pública» (casi siempre «público» es eufemismo de «estatizado»), puesto que en verdad es del Estado. Los contextos de La Revolución Española y La Comuna de París son ejemplos que se enmarcan como «socialismo libertario». Sin embargo, la palabra «socialismo» está ya muy viciada y lo mejor que uno puede hacer es evitar su uso.

En aspectos económicos, sin llegar a los maniqueísmos acostumbrados de la derecha «libertaria», el estatismo y el control de la economía sí llegan a ser un estorbo y algo contraproducente que empodera de modo inaceptable al Estado. Por otro lado, la planificación adecuada y parcial logra sacar a los países a flote y adelante. De ejemplo están principalmente las historias de Estados Unidos y el Plan Marshall.

Considerando la historia de todos los movimientos que han luchado por el empoderamiento del pueblo, llego a la conclusión de que una estrategia que dé poder a las masas tiene que ser social-libertaria. Implica la toma del poder por parte de izquierdistas fácilmente reemplazables con el objetivo de empoderar en todo aspecto a una población responsable: libertad económica, educación, decisiones democráticas, autogestión, cooperativización de bancos, monopolios y demás empresas claves, son la llave para una sociedad superior en la que no se demande conformismo ni sea el victimismo siquiera apelable, esto sin crear un Estado más grande, sino buscando su gradual disminución, por así decirlo, inversamente proporcional al empoderamiento de sociedad y la desaparición de élites y los remanentes de las castas.

Algo que podemos tomar también es la idea del pueblo armado, no un ejército permanente. Que la revolución sea libre no significa que no vaya a ser violenta, pues es iluso que cualquier revolución efectiva no utilice la violencia en alguna medida para llegar a su objetivo, que es el empoderamiento del grueso de la sociedad.

La necesidad de una izquierda nueva, fresca radica en que sea difícilmente encuadrable en los mitos derechistas y las realidades de las izquierdas viejas.

El Estado

«Ese poder, nacido de la sociedad, pero que se pone por encima de ella y se divorcia de ella más y más, es el Estado».[1]

Federico Engels, *El origen de la familia, la propiedad privada y el Estado*

«El Estado es inocente, los gobiernos son los culpables [...] Si somos cobardes tragaremos con un gobierno que nos explote y nos trate a latigazos».

Antonio Escohotado

El Estado siempre es un parásito y un legitimador de violencia de altos grados que se mantiene del trabajo que le es robado a los que domina y de convencerlos de que es necesaria su existencia. Esto no ha sido nunca de otra manera. La Unión Soviética, el modelo alternativo de sociedad, tenía un Estado que hacía lo mismo. Era la explotación del hombre por el Estado. Y siendo el Estado conformado por personas, era al final otro ejemplo de explotación del hombre por el hombre. Es cualquier parásito un enemigo de la libertad de sus oprimidos.

El que la gente llegue a ser libre es el mayor temor de los oligarcas, ya sean desde privados hasta personas en el gobierno. El Estado es una institución que permite vivir de los demás. También, en pocas ocasiones, la propiedad privada permite que algunos propietarios privados vivan sin hacer nada. No es de sorprender que surjan juntos la propiedad privada y el Estado: los imperios, los reinos y los feudos fueron formas antecesoras de la propiedad privada moderna y cumplieron la función de Estados al mismo tiempo.

Cuando comencemos a rebelarnos, no podrán los oligarcas seguir aprovechándose del engaño a las personas, se capitalizaría en menor medida el trabajo ajeno, no podrán cobrar impuestos y no podrán imponernos lo «mejor» para nosotros.

Hay varias definiciones del Estado, entre las que destacan la marxista y la de Weber: como instrumento de la clase social dominante [2] y como monopolio legítimo de la violencia. [3] Es en esta última donde tenemos que considerar que la violencia englobada es la de los más altos grados, pues el ejercicio de la violencia está legitimado para casi todos, en ciertas medidas, en todo contexto histórico, incluso donde ha habido Estados. La visión marxista es acertada en el contexto histórico en el que se dio y aún es aplicable para los actuales contextos y para los que han de venir.

Es falso que en la Unión Soviética el Estado haya sido dirigido por la clase trabajadora. Fue desde el principio un Estado guiado por élites políticas que decían actuar en favor de las clases trabajadoras. Quizás el Estado como instrumento de clase esté destinado solo a ser usado por clases verticalistas. No todos pueden estar, por así decirlo, en el Estado y en cambio ha de haber representantes, cosa que no fue diferente en el sistema soviético, que tenía la estructura piramidal de los soviets.

Abraham Lincoln dijo que el poder viene «por la gente» en una democracia, pero en una verdadera democracia, no hay representantes, sino cargos. El representativismo no es democracia, aunque así nos han querido hacer creer. Estas cuestiones se abordarán con profundidad más adelante.

La mayoría de los marxistas piensan que pertenecer a la clase obrera te deja con un mismo interés a los otros y le tratan de decir a la gente cómo tiene que pensar. Le llaman fomentar «conciencia de clase». Si no la tienen los trabajadores, les llaman «alienados», como si fueran soldados insubordinados de los caudillos izquierdistas. Si ahí falla la izquierda es porque muchas veces pierde el atractivo por ser poco novedoso o de plano falla en centrarse en la mejora de las condiciones de vida.

La democracia ha existido en tiempos recientes si acaso en dos momentos históricos: La Comuna de París y La Revolución Española, momentos que están lejos de ser perfectos o una utopía. Y cuando hablo de una democracia tampoco me refiero al abstracto y malintencionado concepto de esta como dominio de la mayoría sobre el individuo. De cualquier modo, es claro que una persona en cualquier contexto social se ha de ver impedida a realizar alguna cosa, pues se vería perjudicado por diferentes razones, sean legales o tradicionales.

Cuando hablamos de las libertades, estas entran en una paradójica relación con el Estado, pues mientras que la existencia de un aparato estatal implica la restricción de algunas libertades, este ha sido el órgano garante de ciertas libertades durante cientos de años.

Cuando observamos al feudalismo, podemos hablar del hecho de que la libertad de los señores feudales estaba legitimada por la idea del derecho divino. ¿El Estado puede ser prescindible para la protección de las libertades? Eventualmente sí, y para eso no hay que irnos a imaginarios perfectos.

La desigualdad es algo inevitable en cuestión material y personal; solo se suprimiría por acciones autoritarias. Aun así, una cierta desigualdad no tendría por qué implicar el dominio sobre alguien. Pero en una visión a corto y mediano plazo es necesario alejarnos de fanatismos respecto a las ideas o a obsesionarnos con fantasías ideales.

Hoy hay individuos concentrando gran cantidad de poder. Los Estados pueden ser instrumentos muy prácticos para quitar de la historia a estas élites, ya sea sacándolos del Estado mismo, democratizando la sociedad y a sí mismo o haciéndose de la vista gorda ante las insurrecciones antielitistas.

Hoy la riqueza es una dimensión de algunas libertades, en cuanto a que es un instrumento que mientras más le tengamos, más cosas podemos hacer o tener; a su vez también es una dimensión de desigualdad. Cuando comparamos a un accionista de Nike con uno de sus esclavos en Asia, podemos ver que no solo tiene el primero más libertad que el segundo por la cuestión de la riqueza, sino que particularmente en este caso ejerce un dominio sobre su empleado. Tiene más libertad en principio porque tiene mucha más riqueza, además de tener más conexiones que el trabajador, tanto con los Estados como con el mundo de los negocios. Y ejerce por medio del verticalismo legitimado un dominio sobre el manufacturero. No solo es objeto de su dominio. De otras formas se le oprime y es objeto de biopolítica, por ejemplo, por medio de las desigualdades creadas por los sistemas escolares. Podemos nombrar muchos más factores de opresión y dominio, pero llegamos a dos que conciernen para la siguiente ejemplificación.

Una manera de disminuir el dominio y la desigualdad entre el mencionado obrero y el accionista es que el Estado legitime más prestaciones al empleado y cobre más impuestos a la compañía para financiar proyectos públicos que han de beneficiar a las clases bajas nacionales, ya sea por medio de infraestructura o repartiendo ayudas económicas entre esos necesitados. No se trata en este caso de juzgar lo moral, sino que el punto es exponer cómo el Estado reduce desigualdades y puede dar más libertades a algún grupo. Esto no debe entenderse como un propositivo, sino como ejemplificación de las relaciones del Estado con las libertades, pues como expresaba Kropotkin: demasiadas leyes y regulaciones estatales crean más problemas de los que resuelven.

Libertad privada contra libertad individual

Libertad privada no es libertad individual. Cuando las derechas hablan contra cualquier forma de empoderamiento popular le achacan como la tiranía de la mayoría sobre el individuo.

Es una idea graciosa, pues solo puede ser dicho con hipocresía en vista del sistema jerárquico que las derechas promueven siempre; la tiranía del individuo sobre las mayorías, ya sean empleados, consumidores o sociedades enteras, por medio de recursos adquiridos por medio del Estado, ya sea por asignaciones de propiedad, subsidios, o contratos de obra pública; esa libertad por la que se paga es la libertad privada. Si bien existe para parte de la población, solo a partir de cierto umbral detrimenta las libertades de otros.

La revolución será libre o no lo será

«El régimen sedicente comunista falló por no ser auténticamente socialista, porque, lejos de socializar la economía, la política y la cultura, las estatizó y, a su vez, sometió el Estado a la dictadura del partido. Una vez más, no puede haber socialismo auténtico, o sea igualdad; allí donde el poder económico, político y cultural están concentrados en manos de una pequeña minoría».[4]

Mario Bunge

Hay mucha ortodoxia entre la misma izquierda «radical». Si la izquierda que gana poder por la vía electoral es casi igual a la derecha, la izquierda «radical», que ya no gana de ningún modo, es igual a poco más que nada. Por estos «radicales» me refiero a esos grupos añorantes de la Unión Soviética, esos que sacan a las calles imágenes de la bandera soviética, Stalin o Lenin, esos que representan un cadáver llamado comunismo, que no se dan cuenta de que está ya en el basurero de la historia.

Uno sabe que la política no es para inmaculados ideales y mesías, sino para concretar y realizar, pero es pseudopolítico y contraproducente sacar esa clase de imágenes a las calles. Aquí la discusión no es si Lenin y Stalin están «sobredemonizados por la propaganda burguesa» (en palabras de sus apologetas). El punto es que son personajes cuya presencia aporta nada, además de que hace más difícil ganar adeptos para los movimientos. No importa si alguien cree que Stalin es el salvador del socialismo, pero sí que es tonto que lo alardee y que espere que la gente le aplauda por eso.

Tampoco es un crimen que alguien sea marxista, crea en su metarrelato y crea que la Unión Soviética era un paraíso democrático. Sin embargo, es plenamente iluso pensar que de algún modo se va a ganar popularidad por reivindicar a esos personajes y esos símbolos. En lenguaje marxista: las condiciones materiales del mundo hoy no son las condiciones materiales de Rusia ni de China en sus puntos «revolucionarios». Además, a la gente es fácil ahuyentarla con esa clase de apologías.

Ley del poder número 3 (según Greene): *Ocultar las intenciones.*[5] Si alguien es estalinista, es libre de serlo, pero es tonto si cree que alardeándolo va a ganar simpatía.

Partamos de la idea general: el socialismo real, si no fue así siempre, terminó degenerando en dictaduras burocráticas cuya represión y restricción son comparables a las de la mayoría de los países capitalistas y menos tolerables que las de los países con mayor bienestar. Es fácil que ante una amenaza «comunista» los medios de comunicación se movilicen en contra de la amenaza, apelando a los «100 millones de víctimas del comunismo», el autoritarismo de la Unión Soviética y de los socialismos latinoamericanos.

No hay que olvidar que es sencillo hacer parecer como fracasada a la izquierda con los ejemplos de la disuelta Unión Soviética y la crisis económica venezolana. La Unión Soviética no cayó porque fuese económicamente inviable, tampoco la sostenibilidad en Venezuela. Estados Unidos y China tienen economías basadas en la deuda y el ecocidio, solo que aún tienen el poder de mantenerse estables.

Pero no vamos a perder el tiempo aclarando esto a la gente cuando salgamos a la calle a convencer y movilizar. Hay que aprovechar nuestro tiempo en darle frescura a la izquierda y sus propuestas en vez de repetir viejas consignas e imponiendo líneas de acción trasnochada que en 30 años no han logrado nada más que hacer parecer que el espíritu del que habla Marx al comienzo del manifiesto del partido comunista abandonó por completo a la izquierda, dejando un cuerpo en descomposición.

Una palabra para marxistas-leninistas

«Es ahora visto que el socialismo, en el sentido de una economía planificada por el Estado, es capitalismo de Estado, y que el socialismo en el sentido de la emancipación de los trabajadores es posible solo con una nueva orientación».[6]

Anton Pannekoek, *Los consejos obreros*

En el mundo entero hay semillas anticapitalistas. Quizás alguien que lea este libro es de hecho una de esas semillas: un solitario antisistema o un verdadero activista de un grupo. Esto es para el camarada marxista-leninista que cayó en la ortodoxia y en la añoranza del viejo socialismo.

No es creíble que el Estado socialista, aquel que es dueño de los medios de producción en nombre del proletariado pueda tener una realización seria. En primer lugar, amenazar con la creación de un «Estado socialista» en cualquier lugar del mundo es una amenaza para inversiones principalmente extranjeras.

Es fácil colapsar hoy a un país por medio de la fuga de capital financiero. Y fundamentalmente pienso esto contra el socialismo por el vil engaño que fue: decir que el proletariado era dueño de su trabajo cuando su dueño era el Estado. Es lamentable que haya habido personas tan arrogantes para dictar en detrimento de la clase trabajadora a nombre de actuar favorablemente para ellos. ¿En qué clase de país que se dice protector del proletariado se le prohíbe a esta clase el declararse en huelga? Es hipócrita decir que la huelga es una estrategia de defensa contra el patrón y que por eso en la Unión Soviética carecía de sentido, pues «el proletario no tenía patrón, sino que era dueño de su trabajo». Me parece indigno de la izquierda que alguien se atreva a pronunciarse al respecto de tal modo.

Y así, son varias cosas denunciables del duro y pernicioso estatismo soviético.[7]

Lenin representa la ruina de la izquierda revolucionaria porque incluso después de que destruyó los avances del control obrero sobre las empresas sustituyéndolo por el control burocrático centralizado se atrevió a llamar *socialismo* a su sistema tiránico.[8] Lamentablemente su sistema totalitario se convirtió en la más importante acepción del término, tanto por la búsqueda de legitimidad de sus realizadores como por la labor propagandística contra las ideas socialistas. Marx nunca dijo que tenían que centralizarse las empresas en torno al Estado, sino que tenían que estar bajo control obrero. Pensar que las empresas estatales son de los obreros es producto de una ilusión, de la credulidad de que «el Estado es el representante de las mayorías».

Por otro lado, tampoco hay que quedarnos con la idea de que el viejo socialismo fue un total fracaso. Hubo seguridades para la clase trabajadora que se vieron destruidas con la caída de la Unión Soviética. No había libertades, pero sí seguridad, y con la caída de la URSS ni apareció lo primero, ni se conservó lo segundo.

Consideremos los avances, ignoremos los errores; aun así, ¿qué queda? ¿Qué más que un recuerdo nostálgico? ¿Qué más que un demonizado momento de la historia? ¿Qué queda además del más grande fracaso de la izquierda?

¿Socialista? De cierta forma, pero mejor «social libertario», y aun mejor: libertario

Si queremos una izquierda triunfante debemos tener un diagnóstico político lo más acertado posible para actuar tomándolo muy en cuenta. Algún discurso que se llame socialismo recibirá una atención por parte de las élites. Será de inmediato un riesgo y estará peligrando sin necesidad, si no en el corto plazo, en el largo, generando crisis nacionales cuando el *status quo* ve sus intereses peligrando. Un político siempre debe ocultar sus manos, hablar menos de lo necesario.

Si es prudente y más atractivo, llámese socialista. Si está en un contexto desfavorable, en el que los medios le pueden sofocar, pues recuerde que los bolcheviques se llamaban a sí mismos «socialdemócratas» (aunque era entendido de modo diferente el concepto de «socialdemocracia»).

Para que quede claro el punto, hay que analizar un poco el viciado concepto de «socialismo» y hay diversos modos de definir lo que es el socialismo. La izquierda puede ser siempre

114

socialista de este modo: la izquierda, siendo determinada por su interés en la cuestión social.

La izquierda siempre ha tenido la característica de tratar, al menos discursivamente, a la pobreza con más urgencia que la derecha, la cual se caracteriza por sus apologías al elitismo y cierto conservadurismo. Incluso el conservadurismo se mantiene en los libertarios progresistas de derecha, pues su postura está basada en la totalización de algunos valores pilares para la justificación histórica de las estructuras actuales, a saber, propiedad capitalista, elitismo estructural y libertad a los capitalistas. En suma, defender a capa y espada al capitalismo es conservador, además de que suelen proyectarse en una agenda más bien basada en reformas a modo para las clases dominantes.

Sin embargo, el socialismo era fundamentalmente entendido como el control obrero sobre las empresas. Lenin llegó a hacer del «socialismo» el control casi total de la economía por el Estado. Hoy hay gente que iguala «socialismo» con estatismo y basándose en eso llegan a llamar socialistas a personas incluso como Macri, el presidente argentino. El «socialismo», aunque quiera uno entenderlo como el control obrero, no todos lo querrán entender de ese modo.

Social libertarismo: Social antiestatismo-social minarquismo

Estas son las alternativas discursivas a las que la izquierda puede moverse en su conjunto manteniendo un debate intelectual serio y realista, además de una imagen refrescada. Aquí puede llegar a unirse desde la izquierda socialdemócrata hasta las minorías marxistas que estén conscientes de lo peligroso que el estatismo y el leninismo para el empoderamiento de las masas.

El social libertarismo es el movimiento que aspira al empoderamiento de la sociedad en detrimento de la verticalidad, desde el poder económico hasta el poder estatista, con la búsqueda de la generación de condiciones para que cada persona viva lo más digna y libremente posible.

No hay que olvidar que la libertad real de unos está condicionada por las restricciones que otros tienen: la prohibición de asesinar a alguien, de robar, de violar, etcétera. En este sentido, Rousseau tiene la correcta noción de cómo funciona la sociedad, de cómo en la sociedad aparecen autoridades: por medio de restricciones.[9]

A pesar de nuestro antiestatismo no debemos encapricharnos con la idea de una anarquía ni caer en lo inútil de no luchar afuera de los campos estatistas. Quizás un error de los anarquistas catalanes fue que por sus principios anarquistas rechazaran tomar puestos de relevancia en las instituciones estatistas. Por esto debemos mantener la idea de un Estado progresivamente minimizado ante el empoderamiento de la sociedad.

El Estado ha de llegar a ser obsoleto y primitivo, pero hay que recordar que hay contextos en los que no es prudente buscar la ausencia del Estado. El poco empoderamiento del proletariado en la entonces incipiente revolución socialista rusa se debió, sin duda, en parte a sus condiciones históricas: poco conocimiento, mucha pobreza, etcétera. Hay que recordar y tomar en cuenta que es fundamental el desarrollo temprano de los niños. Cuando un niño se desarrolla en la pobreza, en este niño se interiorizan las cualidades de las personas que rodean su contexto. Se apropia pues, de la inseguridad, la costumbre de la precariedad, las bajas expectativas del futuro y la frustración que lo provoca, además de tener menos facilidades para concentrarse en cualquier actividad.

EL FUTURO ES NUESTRO

Este discurso fue hecho para ser repartido en el XXVI Campamento Internacional de la Juventud Democrática, Antifascista y Antiimperialista.
La noche en la que esbocé este discurso se me censuró por los organizadores de la siguiente manera:
Se había terminado de dar un posicionamiento marxista por la revolución y los ejemplos históricos de China y la Unión Soviética; cuando pidieron voluntarios para emitir opiniones al respecto yo fui el primero que levantó la mano. Después seguirían un par de oaxaqueños.
Comencé denunciando el anacronismo soviético y chino, además de remarcarlas como dictaduras burocráticas que dieron hambre y brutalidad. Hubo solo algunos aplausos y yo sabía que el público no era muy amigable con mis ideas y había ya tenido algunas discusiones al respecto.
En cambio, a los siguientes que hablaron se les aplaudió bien. Entonces pregunté si podía agregar algo, queriendo objetar a la apología de la vieja izquierda que habían hecho los dos oaxaqueños. Una de las que estaba en la mesa me bloqueó con su palma y comenzó a lanzar consignas izquierdistas. Esto me recordó tanto a las ovejas de Rebelión en la Granja que, a la

mañana siguiente, cuando le entregué la hoja a una organizadora con el escrito siguiente, no pude evitar decírselo. En fin, espero que aquellos que lo hayan leído hayan sido inspirados para la practicidad, la mirada hacia el futuro y el abandono de pesados bultos que no hacen sino estorbar.

La revolución será libre y lo más práctica posible, porque si no es libre no será revolución, y si no es práctica no será duradera, y quizás tampoco posible.

Este campamento, hermanos, hace énfasis en la importancia de la juventud, cosa muy puntual. Y más puntual es recordar que como juventud somos presente y futuro, no pasado; como juventud, somos seres fuertes que con nuestra voluntad somos capaces de revolucionar las tendencias históricas. Somos juventud, no cadáveres malolientes cuyo espíritu hace mucho que los abandonó.

No es mi finalidad hacer lo que muchos: decirles qué pensar, qué decir, llamarles *ignorantes* por cuestionar; no les pido que piensen como yo, sino que piensen diferente.

Es claro que necesitamos estar juntos los más que podamos con el objetivo de lograr el auténtico empoderamiento de las masas más oprimidas. Pero el que estemos unidos no significa que tenemos que pensar igual, ni que tengamos que someternos a grupúsculos que decidan por nosotros lo que es mejor para todos.

El futuro es de los izquierdistas, pues proponemos siempre los nuevos modelos de organización y procuramos condiciones mejores para la mayor cantidad de personas posibles. ¿Pero de qué sirve que el futuro sea nuestro si hace mucho perdimos la capacidad de hacer nuestro el presente? El futuro será nuestro cuando tengamos la voluntad de poder necesaria para tomar ese anhelado futuro. Hay que aprender de los errores, no aferrarnos a ellos.

No cabe duda de que la Unión Soviética representó un régimen alternativo en el mundo. Pero no nos confundamos, no era un gobierno del pueblo para el pueblo, sino que siempre fue un gobierno autoritario cuya arrogante élite decidía lo mejor para todos, una élite que siempre se ha justificado diciendo que actúa por el bien común.

En aquel momento, y lamentablemente también en este, cuestionar la benevolencia y la santidad del líder es pecado. El socialismo real fue explotación real del hombre por el estado, y al estado lo hacen los hombres. Finalmente, también fue la explotación del hombre por el hombre. Es por ese fracaso en cuanto a la brutalidad y elitismo de sus regímenes que ha quedado muerto el socialismo real, y aun así muchos se niegan a que haya pensamientos diferentes en sus filas.

Es como la Unión Soviética que permitió poca o nula protesta popular; la élite se sentía la única con capacidad para tomar decisiones. Se reservaban la libertad para ellos solos, pues despreciaban a los otros hermanos, concibiéndolos indignos de ser libres.

Hermanos, tenemos que unirnos todos los que podamos en el mundo entero para cambiar la historia, pero eso no significa que todos debamos pensar igual, ni mucho menos que haya hombres con la arrogancia de santificarse, ni en los que depositemos el rumbo de nuestras vidas.

Aprender del pasado no es querer el pasado. No nos estanquemos, caminemos hacia adelante.

Somos juventud, no cadáveres.

Somos vida, no muerte.

El futuro es nuestro.

La CNT y La Revolución Española [10]

La historia de la CNT, Confederación Nacional de Trabajadores, es la mejor muestra de cómo el izquierdismo no equivale a estatismo.[11]

Fue fundado en Barcelona, en 1910 y fue duramente atacado durante la dictadura de Primo de Rivera (1923-1930), siendo sus miembros objetivos de represión estatal. Ya después, en 1931, se proclama la Segunda república y el sindicato, aunque crecía en número de afiliados, no dejaba de ser blanco del Estado.[12] Hasta las elecciones de 1936, el anarquismo español tuvo dos planes de insurrección armada.

Sin entrar en detalles, fue un periodo convulso para la sociedad por demás muestras de insurrección, no solamente las convocadas por la CNT.[13]

La cuestión histórica se hace más interesante con el resultado de las elecciones de 1936. El Frente Popular y la Coalición Izquierdista se hicieron de la victoria, mientras que la CNT realizó su Congreso Confederal en Zaragoza donde dejaron en claro su postura rebelde y propugnaban por un comunismo libertario. También ofrecieron a la UGT la posibilidad de alianza para conseguirlo, pero la UGT sabía que hubiera sido algo que rompería su alianza con el Frente Popular.[14]

Cuando el golpe de estado de Franco fracasa, la CNT une esfuerzos con el gobierno en contra de los golpistas. En los meses que siguieron, hubo colectivizaciones espontáneas en ciertas áreas de España. Orwell da un testimonio sobre Barcelona en su libro *Homenaje a Cataluña*:

«Por primera vez en mi vida, me encontraba en una ciudad donde la clase trabajadora llevaba las riendas. Casi todos los edificios, cualquiera que fuera su tamaño, estaban en manos de los trabajadores y cubiertos con banderas rojas o con la bandera roja y negra de los anarquistas; las paredes ostentaban la hoz y el martillo y las iniciales de los partidos revolucionarios; casi todos los templos habían sido destruidos y sus imágenes quemadas. Por todas partes, cuadrillas de obreros se dedicaban sistemáticamente a demoler iglesias. En toda tienda y en todo café se veían letreros que proclamaban su nueva condición de servicios socializados; hasta los limpiabotas habían sido colectivizados y sus cajas estaban pintadas de rojo y negro. Camareros y dependientes miraban al cliente cara a cara y lo trataban como a un igual. Las formas serviles e incluso ceremoniosas del lenguaje habían desaparecido. Nadie decía señor, *o* don *y tampoco* usted; *todos se trataban de "camarada" y de "tú", y decían "¡salud!" en lugar de "buenos días"».*

Meses después, hubo enfrentamientos entre los anarquistas y el gobierno, además de que este decretó la invalidez de las colectivizaciones que se habían hecho. Antes de que la guerra civil terminase, el mismo gobierno izquierdista terminó con una revolución que desafió los paradigmas de la izquierda ortodoxa.

Conservemos la determinación

«Mientras menos nos veamos obstaculizados por ideas utópicas, mejor».

George F. Kennan, diplomático estadounidense.[15]

Entrevistador: Una de las cosas que considero fascinantes sobre tu historia es que eras marxista. Es difícil para algunos creerlo y, sin embargo, es cierto.

Sowell: Eso no es tan inusual. Muchos de los grandes pensadores derechistas de todos los tiempos no empezaron siendo derechistas; hay excepciones, pero no suele ser así. Milton Friedman era liberal keynesiano y Hayek era socialista. Ronald Reagan era tan izquierdista que llegó a ser seguido por el FBI.

Entrevistador: ¿Qué te hizo darte cuenta de lo que estaba mal con tu pensamiento?

Sowell: Los hechos.

Fragmento de entrevista a Thomas Sowell[16]

Thomas Sowell decía que era la mediocridad del estatismo lo que le alejó del marxismo. Hayek y Mises, se cuenta, fueron socialistas en un inicio. También está el mito de que Rothbard fue socialista, mientras que lo que él cuenta es que su familia era comunista y él sentía aversión desde su crianza por esas ideas.

Aquí el punto es mantener la determinación. Si nos demuestran que el camino que planteamos es incorrecto, entonces debemos encontrar un nuevo camino, pero como izquierdistas mantener la visión fundamental de un mundo en el que los hombres seamos más libres.

Ya nos demostraron que estábamos equivocados en algunas cosas y que hicimos mal varias otras, pero lo peor que podemos hacer como izquierdistas es empecinarnos en mantenernos en los más ortodoxos caminos de la izquierda para hacer cambiar la realidad.

Si queremos tener avances, hoy es por vías institucionales: fallos jurídicos, legislaciones, ejecutivos progresistas con valores igualitarios, y también necesitamos a la gente en las calles. Pero antes que la gente salga las calles, necesitamos esos avances institucionales, pues aunque salgan miles a manifestarse, a reclamar los derechos que aún no son concedidos y a denunciar los abusos de los gobiernos autoritarios, el aborto y el matrimonio igualitario seguirán siendo penalizados y el gobierno seguirá forzando las desapariciones de aquel que le parezca necesario.

Si queremos una transformación social, son necesarios los grandes avances institucionales y los grandes movimientos en las calles. Mark Lilla dice que la época de los grandes movimientos sociales ha terminado, por lo que hay que centrarse en las instituciones políticas, pero sin descartar que esa época puede renacer. Todavía no ha habido un nuevo contexto en el que comulguen los grandes avances por el Estado y los grandes movimientos de la gente.

A aquellos que ven diezmada su fe en que la libertad va a llegar para todos los hombres, o aquellos que cayeron en la zanja de la idea de que el izquierdismo va contra la libertad les aconsejo que busquen esos nuevos horizontes, que piensen que puede haber bienes comunes que sean auténticamente producto de acuerdos voluntarios. Si alguien cayó en los dogmas del «libertarismo» de mercado, que recuerde que los primeros liberales hoy podrían ser llamados izquierdistas. Si Humboldt, ese gran liberal viese lo que terminó justificando el liberalismo, seguro se pondría en contra de ese degenerado producto. Los primeros liberales no tuvieron el contexto adecuado para vislumbrar lo peligrosas que llegarían a ser para las libertades ciertas actividades privadas.

El tratar de llegar a un mundo perfecto puede enceguecernos, pues en la búsqueda de realización de los ideales (hablando en sentido estricto) nos terminamos dañando a nosotros mismos por la culpa que nos invadirá al contravenirle de algún modo y también dañar a muchos otros que no compartan ese ideal.

Capítulo 9
¿Feminista?

«Si fuese feminista mujer, recordaría que muchas formas de violencia masculina son reacciones desesperadas de impotencia social y económica». [1]

Slavoj Žižek

El feminismo es un movimiento que a lo largo de sus años ha conseguido muchos e invaluables logros. Descuidar al feminismo en un libro orientado a generar una izquierda que salga de los más acomodados esquemas sería un error pues el feminismo ha de tener que integrarse en el movimiento que nos dé una sociedad auténticamente libre.

Primeramente, hay que entender al feminismo como un movimiento consecuente con la búsqueda del reconocimiento de todas las personas como iguales. La historia, según Hegel, tiene como propósito (fin) el reconocimiento de la igualdad entre las personas. A partir de la Revolución Francesa esta lucha comienza a ser ganada, pero aún no termina.

El feminismo lucha contra la verticalidad que aún existe entre el hombre y la mujer, pues históricamente el hombre ha estado sobre la mujer. Aunque el origen de la idea de que las personas son todas igual de dignas y deben ser iguales ante la ley es el liberalismo clásico. Ni aún con la inclusión de la mujer en la consideración de tales nociones, uno tiene que reconocer que en la mayoría del globo es necesario trabajar aún por la efectiva igualdad real ante los hombres, esto empezando por la igualdad ante la ley y la búsqueda de la despenalización del aborto en cada país donde no está permitido. Aún hay países que ni siquiera permiten a las mujeres conducir. En estos lugares se tendría que empezar desde la conquista de derechos tan elementales desde hace décadas, como el voto o el libre tránsito.

No debemos sucumbir en la trampa derechista de caer en la percepción de que el feminismo es fundamentalmente lo que tanto se propaga engañosamente: una ideología supremacista, de rencor y hembrismo. La mayoría de las mujeres no están con esos valores. Incluso hay mujeres que se niegan a considerarse feministas, aunque estén de acuerdo con sus fundamentos, pues creen que el feminismo es lo que muchas veces es más visibilizado: una ideología irracional.[2]

Hay muchos feminismos, y es el feminismo de género al que se le atribuyen estas características. El feminismo de género propone políticas de discriminación «positiva» para recompensar históricamente a las mujeres. Esto puede ir desde cuotas de género hasta la desigualdad e inseguridad del hombre ante la ley, como ha ocurrido en España, y trata de expandirse al resto del mundo. Sin embargo, está el feminismo de la igualdad o liberal, que simplemente exige el reconocimiento de las mujeres como iguales al hombre.

Algo que tenemos que retomar de la frase de Zizek: la mujer es esclavizada y violentada por un macho que aflige de lo mismo, pero por parte del sistema capitalista. Le aflige el jefe que le grita, el cliente que le maltrata, la mala paga, la precariedad, el no tener tiempo para su familia, la impotencia sexual, etcétera. Pero por fortuna, y aunque haya personas que por conveniencia personal lo nieguen con ferocidad, esa relación machista está en franco declive. Aún queda mucho por hacer, pero no justifica peticiones como quitar la presunción de inocencia para hombres en ciertos casos ni forma alguna de discriminación «positiva».

Si aspiramos a una sociedad más igualitaria no lo lograremos por medio de la corrección política, principalmente en los campos de entretenimiento, pues la corrección no disminuye las desigualdades de las etnias minoritarias, de la comunidad LGBT, de las mujeres, de los pobres o de los migrantes, sino que solo censura esas formas de desigualdad.

Cito a Zizek, cuando es cuestionado sobre la corrección política:

«Es una forma de autodisciplinamiento que no permite verdaderamente superar el racismo. No es más que racismo oprimido y controlado».

Creo que este comentario puede ser trasladado a los campos antes mencionados, aunque no es un justificante para que haya gente que tenga discursos peligrosos para la sociedad abierta, pero no por eso dejan de haber discursos de odio. Por otro lado, siempre ha habido cosas que circunstancialmente no podían ser dichas, como el cuestionar a Dios o hacer apología a la magia en la época oscurantista. Galilei mismo fue víctima, por así decirlo, de una forma de corrección política. La diferencia entre lo que hoy conocemos como corrección política es que el día de hoy la usan las personas que dicen tratar de buscar un mundo más igualitario y superficialmente ese es su propósito. Las censuras antiguas eran para evitar la propagación de discursos subversivos o anormales. En cuanto al propósito de la corrección política, el fin es la censura. Y no es por la censura y la invisibilidad por lo que se superan los racismos o machismos, sino por su discusión y visibilidad. Sin embargo, hay quienes llegan a ver el racismo y el machismo en todas partes. Si bien siempre han existido expresiones que generan desaprobación general, la corrección política trata de encontrar en los discursos ajenos, nociones que van contra su pensamiento y acusarlos directamente de algún motivo de inferioridad moral, aunque no haya tal cosa necesariamente. Por ejemplo, decir que es incorrecto que algunas feministas exijan la prohibición de la prostitución o la pornografía llega a ser considerado machista, aunque estas feministas sean quienes asuman una posición autoritaria por el «propio bien» de las «víctimas». Por supuesto que la esclavitud en todas sus formas debe ser combatida, y que hay víctimas de estas que son prostituidas, amenazadas, violadas y son subidas a internet; estas son las víctimas a quienes se debe salvar urgentemente, no quienes voluntariamente se buscan la vida. Por otro lado, el aumento de la riqueza o nuevas formas de organización económica podrían sacar a varias personas de ese trabajo para encontrar maneras que les parezcan mejores para continuar la vida. Reconocer la dignidad en la prostitución es una materia pendiente en muchas personas, sean conservadores trasnochados o conservadores con la máscara de progresista.

En el caso del antifascismo es justificado el uso de violencia contra los grupos que promueven discursos de sociedad de acceso limitado más fuertes por el peligro que supone su propagación, pero cosas como el machismo o el racismo arraigados en sociedades no se terminan de resolver a golpes, sino con el tiempo y la voluntad social.

Críticas a feminismos

«Si el género es la óptica a partir de la cual vamos a mirar cómo nos estructuramos, cómo nos desarrollamos como sociedad, creo que en estos asuntos hay que ser más justos y contar la historia completa».

UTBH

«El feminismo de la libertad defiende que hombres y mujeres tengamos los mismos derechos y las mismas obligaciones. El feminismo de género considera que esto no es suficiente, que, puesto que las mujeres vivimos en un sistema patriarcal, no podemos decidir libremente porque somos condicionadas por este sistema que nos oprime».

Marina de la Torre

Es fácil encontrar en Facebook o en YouTube videos de Ben Shapiro, Agustín Laje o Milo Yiannopoulos que dicen cosas como «feministas destrozadas» o cosas por el estilo. Estos 3 personajes son de los más efectivos conservadores de Estados Unidos, pues muchas veces pareciese que refutan directamente postulados feministas, y tienen seguidores que comparten sus contenidos y celebran sus debates como si fuesen los hombres salvadores del capitalismo occidental.

Muchas veces presentan datos que parecieran refutar la realidad fundamental del feminismo, como el hecho de que hay muchos más hombres viviendo en las calles que las mujeres. También se les acusa a las feministas de *femicentristas* y de desatender ciertos intereses de los hombres que no contravienen en la búsqueda de la igualdad, como cuando piden cuotas de género en ciertos trabajos, pero en otros no.

En las sociedades actuales, y desde siempre, hay contextos en los que los hombres salen perdiendo más que las mujeres, como es el caso de las muertes laborales o las muertes en las guerras. Pero no porque el hombre esté en posiciones sociales diferentes y en algunas cosas salga perdiendo ante la mujer significa que el hombre esté en una condición inferior o igual en cuanto a poder que la mujer.

Creo yo que, en gran parte del mundo, en especial el subdesarrollado, se puede hablar de desigualdades estructurales cualitativas y cuantitativas que pueden demostrarnos que el hombre ejerce más poder que las mujeres o poder sobre ellas, aunque sean estructuras en franca retirada. A las mujeres las violan más, las mujeres son la mayoría en cuanto a acoso sexual, mayoría como víctimas de violencia doméstica, hay sexismo en la sociedad, ya sea en sus formas benevolentes o duras en detrimento de las mujeres y de los hombres; aunque no hay que olvidar que los hombres también son acosados y violados, así como también son víctimas de violencia doméstica y que nadie debería molestarse porque estos hechos sean indicados, pero las proporciones estadísticas entre hombres y mujeres nos demuestran que sí hay un problema de género.

Otra de las formas de sexismo contra los hombres es el que socialmente es mal visto que lloren o expresen sus sentimientos, esto en comparación con las mujeres. Pero, por otro lado, los hombres son quienes se ven más afectados por accidentes laborales, crimen organizado, asesinato de periodistas, indigencia, etcétera.

No hay consenso entre las feministas en cuanto a si también luchan por el hombre, aunque hay facciones que se expresan a favor de esto, como *HeForShe*, mientras que algunas han dicho que no se trata de igualdad, sino solo la liberación de la mujer.

Llegamos, en efecto, a formas de opresión contra los hombres que terminan haciendo que distribuyan violencia y enfermedad por la sociedad. En el modelo conservador de familia nuclear es el hombre quien aporta la mayoría del ingreso de los hogares, cosa que termina en detrimento de la libertad económica de la mujer. Lo importante aquí es el hecho de que el mundo laboral suele tener trabajadores con vidas insatisfechas.

Aquí quiero llegar a una fábula que pone Fromm en su libro *El miedo a la libertad*. En el pueblo el único herrero ha asesinado a una persona. El asesinato ahí es castigado con la muerte y por eso han ejecutado a uno de los carpinteros. El castigo ha sido ejercido, pero no contra el culpable del crimen, pues es contingentemente ilícito dada su importancia.

Así el hombre, en las situaciones típicas, ante su impotencia contra la frustración, la desborda en otro objeto. En el hogar es la mujer y los hijos las potenciales víctimas. Ahí es donde el feminismo se integra a una lucha común por una mejor sociedad, paulatina o abruptamente más igualitaria.

Hay cosas que creo que el feminismo puede hacer mejor. Puede hacer mucho contra la imagen que muchas veces trata de crearse de que al feminismo solo le importan las mujeres y que estas piensen como feministas, así como la imagen «antihombre» que sus detractores tratan de construir, que rara vez es real. Esta imagen solo mejorará en cuanto a que el feminismo sea libertario y no de género, pues este último, el más visible, trata a las mujeres como a menores de edad; hace como si la mayoría de las mujeres no pudieran actuar correctamente por su cuenta y necesitaran de discriminación positiva hacia los hombres para «igualarnos».

Feminismo + LGBT+

En tiempos anteriores la lucha de géneros se reducía al esfuerzo femenino de tomar gradualmente un poder que un patriarcado fusionado con las instituciones había apartado fuertemente de ellas, fundamentalmente, la igualdad ante la ley.

Hoy ya no se puede hablar de solo dos géneros, sino de más géneros (cosa que llega a ser problemática; sería más sostenible una postura de que el único género importante es el humano), en los que caen los tradicionales *hombre y mujer heterosexuales*, junto a las muchas maneras de autoconcepción de género que diversas personas han construido.

Hoy el género que, se dice, mantiene la supremacía en detrimento de los otros sigue siendo el del hombre heterosexual, aunque estos criterios de identidad son más irrelevantes que nunca (cuando hable aquí de hombre y mujer no me refiero a los dos sexos, sino al género). Entonces se puede decir que aquí ha habido heteropatriarcado que mantuvo limitaciones a las libertades personales, y aunque tiene sus remanentes, la sociedad acabará por destruirlos.

Estas restricciones de la libertad pueden ir desde la criminalización de los géneros alternativos o la no institucionalización de los matrimonios no heteronormativos, hasta la mera discriminación hacia las mujeres o a los no heterosexuales, esto último dentro o fuera de las leyes formales, aunque la normativa internacional poco a poco se esté estableciendo en contra de estas formas de discriminación.

Capítulo 10
LGTB+, interseccionalidad, feminismo: nunca caigamos en políticas de identidad

«La política en la democracia es sobre persuasión, no sobre autoexpresión. "Aquí estoy, soy queer" nunca provocará más que una palmadita en la cabeza o unos ojos volteados. Acepta que nunca estarás de acuerdo en todo con la gente. Es algo de esperarse en la democracia».[1]

Mark Lilla

Si algo ha ayudado a hacer al progresismo ridiculizado no me cabe duda de que son ciertas manifestaciones hechas por la comunidad LGTB. Cabe aclarar que estoy convencido de que es un derecho vivir la propia sexualidad como uno quiere. De cualquier modo, en esta parte me gustaría hacer una crítica constructiva en torno a las percepciones que se tienen de la comunidad y de cosas también hechas por la comunidad que en ocasiones solo le hace ganar justificadas opiniones adversas.

Líber González

Políticas identitarias

«Debemos entender la diferencia entre ser un partido que le importa el laborismo y ser un partido laborista.

Hay una diferencia entre ser un partido que le importan las mujeres y ser un partido de mujeres.

Y podemos y debemos ser un partido que le importan las minorías sin llegar a ser un partido minoritario.

Primero que nada, somos ciudadanos».

Senador Edward Kennedy. (1985)

Este es un tipo de pseudopolítica que mutila e inutiliza a la izquierda en su conjunto. La política de identidad es la adopción de posturas y actividades políticas en torno al interés de un grupo minoritario, se pertenezca a él o no.

Normalmente las políticas identitarias han tenido efectos nocivos para la izquierda y el progresismo en Estados Unidos. El problema de las políticas identitarias es fundamentalmente que dificulta luchas conjuntas, pues puede poner a alguien como opresor y oprimido a la vez. En verdad hay gringos que se molesten porque algún blanco obtenga un puesto de trabajo en vez de alguien de otra etnia. Estas personas con tales ideas tan arraigadas no entienden que el problema sería si la cuna siguiese siendo mérito.

Una consecuencia de las políticas identitarias es clarísima: las izquierdas, con sus agendas que ponen un énfasis exagerado en cuestiones progresistas, como inmigración, lenguaje inclusivo, imponer corrección política, resultan inútiles para combatir la derecha de personajes como Trump.

En cuestiones de racismo, en Estados Unidos es imposible negar que tiene remanentes que toman distintas formas, pero se exagera un énfasis para generar una discordia identitaria innecesaria. El PT brasileño no perdió ante Bolsonaro por estas cuestiones, sino por el desgaste por la corrupción. Sin embargo, no podrán ser una oposición digna si siguen el camino que llevó a los demócratas a perder ante Trump.

Privilegios

El no ser acosado sexualmente no es un privilegio, sino un derecho. El privilegio, en lenguaje progresista, es cuando un derecho que se supone es para todos, solo lo tienen unos cuantos. Esa minoría es la privilegiada; más exacto resulta llamarle *favorecimiento*. Llamar privilegio a un producto de la libertad, el mérito o la suerte sugiere injusticia: que el hombre tenga como sus elementos masculinos el liderazgo o ser el que aporta dinero a la familia nuclear, que el blanco nunca sea discriminado, que el hombre sea menos acosado o que la mujer muera menos en accidentes laborales no debe ser presentado como privilegio.

Son consecuencias de nuestro derecho a ser libres: trabajar, ser un líder, no ser discriminado ni acosado, tener condiciones dignas de trabajo, así como poder alimentarse dignamente y hacer lo que a uno le gusta con el propio dinero, mientras no afectemos la libertad ni la dignidad de los demás. Si estas cosas las presentamos como privilegios entonces podría sugerirse que el mundo sería mejor, o al menos más justo, si todos tuviésemos condiciones precarias de trabajo, comiéramos mal o fuésemos víctimas de acoso y demás formas de violencia.

Diferentes grupos identitarios presentan con sus discursos la encarnación del «privilegio»: hombre blanco heterosexual *cisgénero* (si es rico se convierte en un diablo). Algo para ejemplificar el mal uso de esta construcción está en el fundamento de *El manifiesto Redneck*. Un *redneck* es un grupo social en Estados Unidos que se identifica como ser un hombre blanco, heterosexual, conservador, trabaja en el campo y vive en el campo con cierta pobreza. La gente más citadina siempre suele ver con desdén a los habitantes de pequeños asentamientos, en especial a los campesinos. Esto también lo observan esos habitantes, quienes se han llegado a sentir ignorados por la política común. Estados Unidos es el mejor ejemplo, pues estos conservadores fueron determinantes para la victoria de Trump. Hillary Clinton fue irresponsable al llamar «cesta de deplorables» a los conservadores, pues rebajó su dignidad como personas e impulsó la réplica de esas formas de discursos. Esa forma de expresarse, al menos, dificulta la cooperación entre las personas que sienten que los políticos y los empresarios están socavando su forma de vida.

En México no tenemos problemas por políticas identitarias, pues las luchas suelen terminar confluyendo con el progresismo en general y sus simpatizantes confluyen también con el progresista MORENA. Una clave de MORENA es que en sus asuntos nunca se primaron en cuestiones progresistas del modo en que lo hace la izquierda estadounidense.

No hay que confundirse: es indispensable apoyar cuestiones como el aborto legal y el matrimonio alternativo, así como la adopción; en suma, el reconocimiento total de los derechos sin ningún impedimento legal. El problema llega cuando, ganados esos puntos, se quiera ir por otros secundarios y hacerlos parte fundamental de los rellenos propagandísticos. Esto sería centrar discusiones en torno a cosas como la interseccionalidad, la censura de los conservadores, imponer corrección política, etcétera.

Capítulo 11
Economía ecológica

«Es imposible construir una máquina que funcione con un periodo regular que no haga otra cosa que elevar un peso y causar el correspondiente enfriamiento de una fuente térmica».

Enunciado de Planck-Kelvin

Es claro que hay una crisis ecológica y energética aproximándose. El súper desarrollo que plantean los futuristas solo puede costearse por un progresivo y aún mayor deterioro ambiental. Si seguimos el camino por el que vamos podríamos llegar a un fascismo tecnológico y una mayor separación de clase. El crecimiento físico no puede ser infinito, y mientras más se acerca a sus límites, más factible se hace una crisis mundial. La modernidad capitalista se caracteriza por esta falacia: a los problemas causados por el crecimiento económico, más crecimiento. Es una interesante tendencia análoga a «si el cambio no funciona, hay que radicalizar (más) el cambio».

Es cierto que dentro del capitalismo se generan innovaciones que ayudan a mitigar los muchos daños que hace el mismo al ambiente: daño a la capa de ozono, contaminación de ecosistemas, deforestación, contaminación de agua apta para ser consumida, extinciones masivas, sequías, el calentamiento global y su hijo, el cambio climático, etcétera. Pero estos inventos nuevos no han hecho más que retrasar la inevitable crisis de este sistema que ha destruido tanto en nombre del crecimiento económico.

El decir «crecimiento sostenible» es un oxímoron a pesar de que la principal fuente de valorización como riqueza es la tecnología y sus innovaciones (ver nota 2 del capítulo); no es lo único en lo que se basa en crecimiento económico, además de que también depende del aprovechamiento de recursos que están lejanos de ser infinitos. El crecimiento económico ha de tener un límite y esto es algo que debe ponerse sobre la mesa.

Las escuelas económicas se basan en textos antiguos en los que la vastedad de recursos ante la poca población mundial hacía innecesario, o quizás imposible, pensar en la limitación del crecimiento económico.

Por otro lado, no debemos perder de vista que a las personas pobres no les interesan las emisiones de carbono, y que son estas emisiones de carbono las que mejoran la vida, no solo de las personas pobres, sino de todos. Tampoco tenemos que entregarnos al miedo, como nos pide Thunberg,[1] pues este solo puede llevarnos a hacer cosas estúpidas. Tomemos en cuenta que, a pesar del creciente pesimismo, desde hace décadas se han predicho cosas como el completo deshielo del Polo Norte o la desaparición del petróleo, y esto no ha pasado, pero no por ello debemos dejar de hacer lo necesario para disminuir nuestras posibilidades de destruir nuestra fuente de vida. Hay que rechazar por completo el miedo y a quienes traten de hacérnoslo sentir, pues es un instrumento para azuzar y dominar a los hombres.

Aunque la tecnología sea ya la fuente principal para valorarla como riqueza, el crecimiento económico también se basa en el crecimiento físico, además de que para el «progreso tecnológico»[2] es necesario el aumento del uso de energía. Aun así, es posible que una vez terminado el tiempo de crecimiento económico haya un crecimiento económico basado solamente en la mera tecnología y con progreso infinito. La cuestión es que el petróleo es nuestra más eficiente fuente de energía, es barata y produce más energía que las demás fuentes, pero es un recurso finito.[3] Ojalá los científicos puedan hacerlo obsoleto.

Por otro lado, hay que tomar en cuenta las enormes cantidades de desechos que se lanzan todos los días al ambiente y sus efectos contraeconómicos. La deforestación sería también un ejemplo de crecimiento contraeconómico. Tenemos que disminuir la población o no habrá muchos mañanas más. No se trata de caer en la idea antihumana de que somos una plaga, sino aceptar el hecho de que una sola persona va a dejar una huella ecológica a lo largo de su vida. Si la población continúa creciendo, la naturaleza seguirá subsidiando nuestras vidas hasta que ya no le quede nada por darnos.

Crítica fundamental a la economía: más allá de la economía y la ecología; denuncia al keynesianismo

«La ideología se ha vuelto más retorcida. Creo que la gran invención del capitalismo contemporáneo es el trabajo precario [...]. Porque estás ultraexplotado pero al mismo tiempo, y esto es importante, consiguen que lo experimentes como una nueva forma de libertad».

Slavoj Žižek

El keynesianismo no es la solución y nos da perfecta muestra de lo que Iván Illich denunciaba: una sociedad que ansiaba trabajar, incluso por bajos salarios.[4] En el lenguaje de *Unabomber*, podría ser el intento de experimentar *el esfuerzo*, un esfuerzo muchas veces sin meta ni autonomía.[5] El keynesianismo dio al capitalismo uno de sus mejores remedios: dar estabilidad, cierto grado de satisfacción a las poblaciones y a la vez mantener al capitalismo funcionando, y se privilegian a ciertos capitalistas con regulaciones y subsidios (prácticas que en la historia no necesitaron del keynesianismo para existir). Esto solo nos sigue conduciendo a la crisis ecológica que no parará hasta que se abandone el paradigma productivista.

El capitalismo ha creado una sociedad de personas adictas al trabajo, un trabajo alienado y robado. Aquel que no trabaja ni posee es visto como un mal para la sociedad, pues en la lógica capitalista no se justifica su existencia.

Esto no se debe confundir como un alegato por una sociedad floja, sin trabajo. Como *Unabomber* lo explica: la voluntad se expresa con una meta, el esfuerzo para llegar a la meta, el cumplimento de la meta y, algunas veces, la autonomía.

En el capitalismo, la gente suele sujetarse a la meta de otras personas, estatistas y capitalistas. Ahí se trastoca el esfuerzo y nace la frustración. Esta es la condición de la mayor parte del mundo que no parará con más Estado ni con más mercado, sino con la reapropiación de los medios de subsistencia y el trabajo propio.

Capítulo 12
Ganancia sobre la gente

«La desvalorización del mundo humano crece en razón directa de la valoración del mundo de las cosas».

Karl Marx

La teoría del Valor-trabajo trató de ser refutada por muchos en el mismo siglo XIX, de entre los que destaca Bohm Bawerk.[1] Las objeciones del señor Bawerk exponen debilidades de la teoría valor-trabajo, aunque no terminan de enterrarla como él dice. Sin embargo, la explicación del valor subjetivo, o la utilidad marginal, explican mejor ciertos fenómenos de conducta que la teoría Valor-trabajo, aunque la utilidad marginal es imposible de ser medida.

El trabajo sí es la fuente de la riqueza, es el más importante de los factores de producción y la teoría Valor-trabajo puede explicar gran cantidad de los precios de bienes reproducibles del mercado. Sin el trabajo es claro que jamás hubiésemos obtenido carros, focos, trenes, aviones, computadoras, etcétera, y por eso es un insulto intelectual desconectar al trabajo de la creación de riqueza.

El comercio ayuda a hacer circular el dinero por el mundo y hay trabajos que ayudan a crear cosas, por así decirlo, interesantes: alimentos, medicinas, tecnología, energía, etcétera.

También es la mejora de los productos un ejemplo de hacer más interesante a un producto.

Los trabajos que ayudan a mover al dinero por el mundo son principalmente servicios, desde el dependiente de la tienda o el cajero del súper hasta los servicios financieros en su gran complejidad. Pero no hay que caer en una sistematización simple, sino que no hay que olvidar cómo todo está conectado y que estas definiciones no pretenden ser arbitrarias.

Imaginemos que no hay comerciantes, por ejemplo. La distribución de productos no sería sencilla y sería posible con acción estatista.

Imaginemos que no hay nadie haciendo cosas que le beneficien. ¿Cómo progresa la sociedad? ¿Cómo sobrevive siquiera? Para que una sociedad sobreviva necesita que se hagan cosas más allá de la subsistencia y beneficiándonos al servir al prójimo.

En cuanto a mover el dinero hay un particular oficio despreciable y peligroso. Ese es el de banquero. Los bancos roban los ahorros de las personas para el beneficio propio. Se hacen de más dinero por medio del dinero ajeno, por medio del uso de los ahorros de la gente para prestarlo sin liquidez a otras, en ocasiones se esclaviza al deudor por medio de los intereses y los plazos del pago. Los bancos son tan viles que se han blindado de modo que es raro que pierdan. Si el deudor no paga, le embargan. Si quiebran, el Estado los rescata con el dinero de los contribuyentes. Además, aunque formen parte fundamental para el ahorro y el funcionamiento del sistema financiero, es prescindible el funcionamiento actual de los bancos.[2]

Ya que llegamos al punto de los privilegios estatistas hacia los privados podemos enumerar varios casos. Podemos empezar con el privilegio que es proteger una propiedad que solo puede ser aprovechada por medio del uso del trabajo de otro. El otro solo acepta esas condiciones dc trabajo por normalización y por necesidad.

Reflexionemos un momento qué pasaría si no hubiese personas que recogieran la basura de las casas y calles, ni albañiles, sin esa persona que te cocina, la que hizo esos tenis que usas, esa ropa que te pones, esos dispositivos que usas, los mineros del oro, el litio de las baterías… en fin, un mundo sin trabajadores. Esas personas en la actividad económica y en la sociedad finalmente son indispensables. No se puede decir lo mismo sobre los jefes o los dueños de propiedades. Una empresa puede perfectamente funcionar con la autogestión, sin necesidad de alguien que se adueñe de los frutos de su trabajo.

Es curioso que los liberales de derecha denuncien que los impuestos son un robo al fruto del trabajo de la gente cuando la propiedad privada es un privilegio impuesto por el Estado que permite capitalizar el trabajo de otros, a veces de manera tolerable y otras de una manera abusiva e innecesariamente precaria. La propiedad privada es la adaptación moderna de la propiedad feudal.

Desde que el feudalismo cayó, el capitalismo no fue otra cosa que la renovación y evolución de relaciones jerárquicas, un cambio que se orienta a una mayor eficiencia económica, pero sin prescindir de privilegios legitimados por el Estado y que pasa de la dominación de castas a la dominación de clase.

Capítulo 13
Discurso y poder

«No existe relación de poder sin constitución correlativa de un campo de saber, ni de saber que no suponga y no constituya al mismo tiempo unas relaciones de poder».

Michel Foucault

No basta con deconstruir el discurso enemigo; es necesario uno nuevo. Esta regla nos la ha demostrado la practicidad. Es preocupante el discurso liberal derechista que se caracteriza por ser uno populista, fácil y de soluciones mágicas. El discurso de este grupo está basado en totalizar la validez de los rasgos comunes del discurso hegemónico: capitalismo, corporativismo y «libre mercado». Sin embargo, es un discurso fácilmente destruible, pues contradice a los hechos, a la lógica y a la historia. Es un discurso que defiende al *status quo* imperialista y lo mitifica dándole el valor del libre mercado, cuando el capitalismo jamás ha sido sobre libre mercado, sino sobre imperialismo, dominio de clase y privilegios. Aun así, hay varios contextos en los que la derecha liberal niega estos hechos históricos. Defiende la mentira de que el capitalismo es el mejor sistema posible, que a la vez trata de totalizar y realizar la idea de la utopía de mercado. Los «libertarios» insultan además la historia de su apelativo, pues los primeros libertarios fueron los anarquistas preocupados por la cuestión social que aspiraban destruir el orden capitalista.

El poder como termodinámica

«El poder puede definirse, para toda sociedad, como algo derivado de la necesidad de luchar contra la entropía que la amenaza con el desorden».

Georges Balandier

En física nos enseñan que el universo tiende a equilibrarse, a que la energía esté igualmente distribuida en el universo, pero el hombre no son números ni ecuaciones, y su comportamiento es idealmente impredecible. De todos modos, no es erróneo hacer cierta analogía al poder distribuido en la sociedad con la energía de la termodinámica.

Hay personas que temen que su poder, superior al de la mayoría, le sea disminuido. En cambio, hay personas con relativamente muy poco poder, por lo tanto, menor libertad, con tan poco poder que no pueden ni comer bien.

Una manera diferente de expresar la idea marxista de que la historia es una lucha de clases es la idea del poder como algo que se desea mantener concentrado para que los que lo concentran puedan cumplir ciertos objetivos, de los que el más importante es la continuidad de la normalidad. A través de la historia, está claro que casi siempre ha habido grupos minoritarios con más poder que las mayorías.

La historia muestra cómo la sociedad pasa a renovarse una y otra vez para conservarse; la normalidad es imposible de mantenerse, pues la sociedad es un orden dinámico. Hay momentos en los que la renovación es lo que permite continuar con la forma acostumbrada, pero siempre llega un punto en el que esta renovación ya no es posible, pues el conflicto es inevitable. La revolución francesa es un ejemplo de cómo la sociedad de acceso limitado comenzó su caída definitiva porque las condiciones la hacían inviable, principalmente porque la gente ya no estaba dispuesta a tolerarla. Esta revolución inspiró a todo el mundo y determina nuestro presente.

Ahora más personas tienen más posibilidades de hacer cosas que expresan un cambio en la sociedad, no solo gracias al derecho, también en parte gracias a la tecnología, pues nos da acceso a información que puede servir para crear conocimientos, aplicaciones, etcétera. La tecnología también nos permite expandir ideas con más facilidad que en el siglo pasado.

Por otro lado, la desigualdad económica es mayor en estos tiempos que en cualquier otro momento de la historia. Esto se traduce en una profunda desigualdad política también. Pareciese que hay más poder que nunca para ser distribuido.

Ayer había nobles y plebeyos; hoy tenemos varias clases sociales: hoy los *nobles* son más poderosos que nunca, pero puede que mañana todos seamos *reyes*.

Escuela

«La escuela forma a un estudiante pasivo y competitivo que solo le interesa escalar en la esfera social para poder llegar a tener mansiones lujosas y derrochar el dinero en esos centros de consumismo llamados "centros comerciales". El estudiante

se moldea así un mundo diferente en su mente donde el ansia de comprar y convertir en mercancía su conocimiento se convierte en requisito para pertenecer a la moderna sociedad».

Iván Illich

La escuela es un instrumento de dominación de clase, así esté en manos del Estado burgués, socialista o en manos del sector privado. La mejor forma de educación es a través de una que sea lo más libre posible para el estudiante.

El sistema educativo actual tiene tal importancia en la perpetuación estructural que el poder subvertirla significaría un gran avance contra el capitalismo. Y subvertirla de la manera más adecuada es aboliendo la contraproductiva escuela, que es una institución que se justifica por «darle educación a la gente» pero que termina estorbando el aprendizaje de las personas. La función principal de la escuela no es brindar conocimientos a los estudiantes, sino normalizarlos, por lo que, si se revoluciona la manera de impartir educación y de expandir el aprendizaje haciéndolo más libre para los estudiantes, se creará sin duda una sociedad con valores más libertarios, pero también se trata de asegurar que serán valores de hermandad entre las personas.

Si, por ejemplo, en México hacemos esto y llegase a funcionar como uno esperaría, entonces podría ser que otras naciones tomen ese modelo.

La manera más práctica de abolir la escuela es por medio del Estado, el cual subsidiaría la manera antiescolar y libertaria de aprendizaje, pero no se trataría jamás de meramente dejarlo en manos del Estado, sino en facilitar medios ajenos a este para que haya libre aprendizaje. Esto no equivale a abandonar la figura del mentor o del maestro, pues siempre fue necesario para el aprendizaje antes incluso de que las escuelas existieran. Aunque sea cada vez más prescindible gracias al internet, sigue representando un apoyo para el reforzamiento de los aprendizajes.

Biopolítica

«La medicina moderna es la negación de la salud. No está organizada para servir a la salud, sino solo a sí misma, como institución. Tiene más gente enferma que sana».

Iván Illich

«El poder se ha introducido en el cuerpo, se encuentra expuesto en el cuerpo mismo... Recuerde usted el pánico de las instituciones del cuerpo social (médicos, hombres políticos) con la idea de la unión libre o del aborto».

Michel Foucault

El geógrafo y politólogo sueco, Rudolf Kjellén publicó en los años 20 una serie de escritos que describían al Estado como un organismo. Buscando nombres apropiados para las diferentes ramas de la nueva ciencia política que vislumbraba, Kjellén acuñó los conceptos de «geopolítica» y «biopolítica», y este último lo aplicó a la vida social, a las luchas de ideas e intereses entre grupos y clases que transcurren en la sociedad.[1]

Foucault no se refiere del mismo modo a la concepción de biopolítica, pero coinciden en «abordar la realidad política del Estado, poniendo entre paréntesis las categorías jurídicas. Para ambos, la realidad del Estado es, aunque de diferentes maneras, una forma viviente».[2]

Al hombre se le imprime poder de maneras innumerables. La biopolítica es, de acuerdo con Foucault, el ejercicio de prácticas e institucionalización de mecanismos que busquen controlar las vidas de los gobernados.

La criminalización del aborto es un claro ejemplo de biopolítica: el control del cuerpo femenino. Por otro lado, la medicina representa otra forma de legitimar el arrebatar de las personas el tratamiento de su propia salud. La biopolítica ha hecho de «tratamiento médico» sinónimo de «salud». Una interesante forma de biopolítica es la comida chatarra, en especial la comida azucarada. Está comprobado que el azúcar es un adictivo y es claro que los capitalistas han aprovechado esto para incrementar sus ganancias. Basta con ver alrededor el consumo de estos productos y ver sus implicaciones en los cuerpos físicos: sobrepeso, obesidad, etcétera, mientras se abusa de una adicción para drenar los bolsillos de quienes consumen productos azucarados, quienes llenarán los bolsillos de la medicina para tratar de sobrellevar los males que desarrollan. No se debe perder de vista que el vicio está en las personas, no en los alimentos. Si no se consigue que la mayoría se haga cargo de su propia salud, entonces estamos perdidos, porque si ni siquiera se hacen cargo de ese rasgo elemental de la sobrevivencia, menos lucharán por sus libertades.

Lo fascista y lo fascístico

«Por muy actual y poderoso que sea en muchos países, el viejo fascismo ya no es el problema de nuestro tiempo. Se está instalando un neofascismo en comparación con el que el antiguo quedará reducido a una forma folclórica (...). En lugar de ser una política y una economía de guerra, el neofascismo es una alianza para la seguridad, para la administración de una «paz» no menos terrible, con una organización coordinada de todos los pequeños miedos, de todas las pequeñas angustias que hacen de nosotros unos microfascistas encargados de sofocar el menor gesto, la menor cosa o palabra discordante en nuestras calles, en nuestros barrios y hasta en nuestros cines».

Gilles Deleuze

Si cualquiera de nosotros vive acusando a todo lo derechista de ser fascista, estamos desgastando las palabras, y pierde su sentido ante lo generalizado que llega a ser. He observado que grupos izquierdistas se refieren repetidamente al régimen mexicano como «fascista» o igualan al capitalismo con el fascismo. Y la verdad es que no es lo mismo, aunque el capitalismo sí tenga elementos fascísticos, concepto que se refiere a la presencia de características o valores que comparte el fascismo en un sistema que no es fascista.

El capitalismo es un sistema socioeconómico basado en la legitimación y de capitalizar el trabajo ajeno, mientras que el fascismo, en cambio, ha sido una reacción y una manera en la que el capitalismo se transforma para combatir tendencias de cambio que pueden ir en su detrimento. Toma las características de autoritarismo, xenofobia, nacionalismo y tradicionalismo principalmente.

Cualquier país en el que haya un sentimiento de decadencia está a merced de caer en el fascismo. Europa es un lugar donde la decadencia es percibida entre sus habitantes, quienes denuncian la dificultad que está llegando a tener el ganarse la vida. Los sentimientos de decadencia son una oportunidad para la izquierda, pero se forma entonces la reacción conservadora. El Partido Popular, Vox, el Brexit Party y Compañía comienzan entonces a tener apelaciones fascísticas contra los migrantes. Se puede deducir que estos sentimientos conservadores de decadencia toman forma en otras partes de Europa por partidos fascísticos: AfD en Alemania, Amanecer Dorado en Grecia, UKIP en Reino Unido, etcétera. En América tenemos a Donald Trump, a El Bronco en México, a Bolsonaro en Brasil, a Kast en Chile, etcétera.

El mundo actual sí tiene aspectos fascísticos, y analizando país por país encontramos peores ejemplos de lo que fueron la Alemania y España fascistas.

Como libertarios de izquierda encontramos nuestro némesis en lo fascístico y son nuestros valores los que nos unen de alguna u otra manera con toda la izquierda. Y es de hecho nuestro antifascismo lo que nos puede unir finalmente contra el grupo de poder autoritario y vigilante bajo el que vivimos hoy en día. Como izquierdistas libertarios estamos en contra del machismo, del tradicionalismo antisocial, del racismo, del verticalismo, del estatismo, de los privilegios estatistas, de la discriminación, del nacionalismo antisocial y del imperialismo.

Los musulmanes y africanos migrantes de hoy son los judíos de ayer

Si le echamos un vistazo a Europa podemos notar que algo que les ha dado fuerza a los partidos supremacistas es la inmigración que tanto gustan ellos de exagerar. En España podemos ver a un Pablo Casado, presidente del Partido Popular arremetiendo contra los inmigrantes de medio oriente y de África que, según él, son cada vez más, cuando en septiembre de 2017, momento en el que lo dice, los datos muestran números decrecientes en cuanto a número de inmigrantes que llegan.

En Portugal, un país racialmente heterogéneo, también tiene sus brotes fascísticos. Hay un pequeño ejemplo que ayuda a ilustrar los sentimientos que aparecen en la población europea. Escudo identitario es una organización política que se dice *constituido por patriotas, apartidistas, luchamos por el bienestar social, la soberanía y la identidad portuguesa, así como los valores tradicionales occidentales.*[3] Se han llegado a manifestar contra la inmigración desde el Mediterráneo argumentando que es tráfico humano, y que nada tiene que ver con cuestiones de refugiados. Cabe mencionar que la mayoría de esos migrantes provienen de zonas conflictivas y pobres de medio Oriente y el norte de África, como Siria, Somalia, Afganistán y Nigeria.[4]

En Alemania está quizás el mejor ejemplo de la xenofobia creciente en Europa de la que se está aprovechando la derecha nacionalista. Es el mejor ejemplo porque acciones de inmigrantes, como la formación de pandillas violadoras, permiten que la opinión pública se vuelque contra los inmigrantes en general.

Capítulo 14:
La superación del posmodernismo como fase filosófica de la duda

El posmodernismo ha dejado una huella indeleble en la historia, pues nos ha movido a plantearnos los más profundos cuestionamientos sobre la validez de casi todo: nos permite pensar que podemos tener un mundo mejor, nos hace dudar de los que antes ya trataron de hacer un mundo mejor, dudar de los dogmas, de las instituciones, e incluso de la construcción de enunciados científicos. Pero… ¿cómo llegar a ese mundo? ¿Qué hacemos con esos viejos dogmas? ¿Cómo corregimos los problemas que implican la existencia de ciertas instituciones como la escuela y el manicomio? ¿De qué nos sirve cuestionar ciertas construcciones científicas?

El posmodernismo lleva, por así decirlo, a una fase nihilista de la filosofía y del hombre, una filosofía que ningún valor considera ya válido y que no permite decir *sí* a nuevos valores. La filosofía clásica sabía decir *sí* y justificarse, aunque esas justificaciones sean ya objeto de sospecha. El posmodernismo nos ha traído inspiraciones para nuevas luchas, pero han sido emprendidas por la voluntad de poder de los hombres, por aquellos que dicen *sí* a sus valores porque es por su voluntad que son válidos; es por la voluntad de los hombres hijos del posmodernismo el decir *sí* a una mujer empoderada, a los derechos civiles para toda persona sin importar su raza u orientación sexual, y por último, unos hijos del posmodernismo que decimos *sí* al bien común, aunque tenga tanta validez racional como el egoísmo, unos hijos del posmodernismo que debemos entender que es hora de abandonar una madre que nos asfixiará si no nos apresuramos a emanciparnos. Y nos asfixiará porque las ideas posmodernistas no tienen contenido afirmativo por sí mismas.

Hay que terminar de aprender a decir *sí* a los valores. Si el posmodernismo es el león, hay que aprender a ser el niño y no confundirlo con el camello.[1]

Voluntad de sospecha

Paul Ricoeur en su libro, *Freud: una interpretación de la cultura* se refiere a Nietzsche, Marx y Freud como los maestros de la sospecha. Esto es por su escepticismo ante la validez del mundo en el que vivieron: Marx, suspicaz ante la burguesía; Freud, suspicaz ante todo enunciado y razón de acción, y por último Nietzsche, el Gran Maestro de la sospecha, dándole tal título la construcción de la idea de que el mundo es voluntad de poder por la suspicacia que implica la aceptación de tal idea.

La voluntad de sospecha entonces sería el desconfiar de lo enunciado y hecho que tenga alguna implicación política, entendiendo a la política como el conjunto de acciones que tengan alguna consecuencia o fuente en cuestiones de lo que cada uno puede hacer, o hacer que los demás hagan (poder): desde poder hablar hasta poder mandar en la presidencia.

En la historia podemos encontrar un precursor de la voluntad de sospecha en los liberales clásicos, quienes sospechaban que el gobierno mientras más poder tuviese, menos poder tendrían los ajenos a la clase estatista y, por lo tanto, menos libertad.

En el siglo XIX aparecen Nietzsche y Marx, quienes terminarían siendo maestros de la sospecha, pero el anarquismo es también consecuencia de una forma primitiva de sospecha. Va más allá del liberalismo al sospechar ya de la legitimidad del Estado y de las acciones que cualquiera con un poder relativamente alto puede hacer.

Resultaron proféticas en el siglo XX sus sospechas sobre el Estado.

La izquierda que sabe decir *sí*

Hay que hacer completamente errónea la satirización derechista de los izquierdistas como personas flojas, débiles, fáciles de ofender, enemigos de la libertad, víctimas, envidiosos, y demás cosas que los propagandistas de derecha son tan buenos para repetir.

La izquierda históricamente ha buscado desde siempre la simpatía de las personas de a pie, aquellos que son olvidados por los elitistas y que son partícipes de los beneficios del progreso tecnológico y económico hasta décadas más tarde. Finalmente, la izquierda busca la simpatía de aquellos que son indispensables para el funcionamiento de la sociedad, no la de los políticos ni de simples propietarios, mucho menos de banqueros, sino de los que trabajan: los albañiles, los empleados del aseo de la ciudad, los innovadores, etcétera.

Voluntad de poder para una nueva filosofía

¿En qué momento ser egoísta se degeneró en filosofías como la de Ayn Rand? Egoísmo no significa necesariamente que hay que acabar con el otro y dominar su vida. Es cierto que no es correcto escoger por lo demás lo que es mejor para ellos. Aun así, es necesario señalar que las conductas de dominio y sumisión son enfermizas para los hombres porque van contra su salud mental. Esto lo puede comprobar la gente en su experiencia diaria. Es muy importante el verticalismo para comprenderlo como causalidad de problemas sociales, tales como el narcotráfico y la violencia que implica tal negocio, la violencia de género y la violencia de clase. La *enfermedad* comienza en la *no realización*.

Siendo la *no realización* la genealogía de la enfermedad, uno entiende que es imposible erradicarla por completo. No podemos todos realizarnos, pero sí podemos avanzar hacia modelos de organización social en la que mayor realización sea posible. En un sentido social y económico, podemos buscar un modelo en la que la «escasez» sea menor. Esto ya lo ha hecho la sociedad comercial, pues ha enriquecido al mundo entero y no hay que abandonarla. En la lógica fanática del mercado, la escasez es siempre inevitable, ignorando que no hay escasez de los bienes de propiedad comunal (el aire, parques del vecindario, etcétera), recordando que no todo puede ser comunal.

En mi egoísmo trato de ver por mi realización y mi propio bien, pero interfiriendo lo menos posible con otras realizaciones, pues un ambiente de frustrados es un factor de enfermedad colectiva. Sin embargo, en la revolución esto se traduce en la *no realización* de las clases e instituciones opresoras, pues sería un grave error político mantenerla. En ningún reformismo de orientación social se ha llegado al empoderamiento del pueblo porque se han seguido permitiendo las conductas que lo impiden.

Partamos del concepto sadomasoquismo: la característica psicológica de dominación y sumisión. No hay que olvidar que Freud acertadamente indicó que no hay sadismo sin masoquismo y viceversa.

Sostengo: uno comienza a ir contra la vida para adaptarse a una realidad que va contra la vida.[2]

Justificación de la revolución

«Cuando la tiranía es ley, la revolución es orden».

Pedro Albizu Campos

El hombre puede tener nuevas formas de organización social funcionales. El futuro demostrará el error de la idea de que la «democracia liberal» es lo único válido para la dignidad común (como dice Fukuyama), a que la única manera de hacer revolución es la del siglo XX traducida a nuestra época.

Para la renovación de órdenes se ha necesitado de cierta violencia, dependiendo del contexto en el que sea realizado. ¿Por qué se objeta el apoyo a la violencia cuando el sistema se mantiene de la violencia? ¿Por qué objetarse la violencia que implicaría realizar una sociedad con predominio de la propiedad colectiva y personal si la propiedad privada y el capitalismo se ha defendido y expandido a costa de las vidas y recursos de millones?

La incongruencia en nuestras vidas respecto de lo que se predica y lo que se practica, e incluso entre nuestros propios deseos, llega a ser inevitable. En un terreno político los actores deben guardarse de la exposición de sus peores vicios, y siempre se debe estar consciente de este hecho, y de lo que implica. En la política y en nuestra vida personal, que para su triunfo necesita ser dirigida con maestría política, se debe ser despiadado sin que nadie se dé cuenta. Si es notoria la incongruencia y la impía de un hombre, esto le condenará. Esto, en el juego del representativismo, cuesta elecciones; en los movimientos sociales cuesta sus bases; en la vida individual cuesta relaciones con las personas.

El mundo es voluntad de poder. Cuando uno entiende toda implicación de esto no hay nada que pueda pasar ante su vista sin sospechar de aquel algo. El mundo como voluntad de poder implica que el hombre miente: a sí mismo y a los otros. Habrá izquierdistas que se crean abnegados, desinteresados, pero finalmente esa abnegación está en su interés. Todos gustamos de poder, pero eso no significa que se quiera ver a los demás en bajo el yugo, sea el yugo de quien sea. Es sencillo plantearse la utopía, pero está el principio de realidad y nunca debe ser ignorado.

No pueden ser las cosas como queramos y no puede haber total realización de nadie. Esto implica sufrimiento, así que es parcialmente correcto cuando Schopenhauer dice que vivir es esencialmente sufrir; vivir implica sufrir, pero quizás, en su época, Schopenhauer veía más cercano a la verdad el que la vida sea esencialmente sufrir, a diferencia de diversos puntos de vista actuales para los que el sufrimiento simplemente es una implicación de la vida.

Puede llegar a parecer, leyendo esto, que este autor es un nihilista sin valores. Esta apreciación es incorrecta. El nihilista es aquel que ya negó la validez universal de cualquier valor y que se permite encadenar por esa idea. En su posición de falta de determinación y fuerza de voluntad, en su posición de *agotamiento* no adopta ningún valor; en su entorno no hay sentido. No entiende que el sentido de la vida es el que uno escoja, o simplemente de nuevo por *agotamiento* no le da ese sentido a su vida. Uno construye sus propios valores, su propio sentido de la vida. Es una expansión vital personal que trae salud a los hombres, que les llama a su propia libertad y a su propia lucha. Yo creo en un futuro en el que cada quién pueda vivir libremente y hacer de su vida lo que le guste.

Soy individualista y entiendo y aprecio la lucha colectiva que nos costará ese futuro: un futuro de súper hombres, libertad, cooperación, progreso y salud.

Capítulo 15
¿Qué hacer para un futuro con garantías?

«Si observamos los levantamientos importantes posteriores a la Guerra Fría, de 1994 al 2014, desde el levantamiento de los zapatistas hasta la más reciente actividad insurrecta en el Medio Oriente, en el norte de África, al sur del Mediterráneo, así como en Grecia, España, Turquía y Brasil, vemos que las actuales sublevaciones se han apartado de la cuestión de modelos administrativos, no de la resolución de problemas. Por un breve momento, en Egipto hubiera parecido que Morsi era la respuesta a Mubarak, pero es claro ahora que - tanto en Egipto como en el resto del mundo- las políticas revolucionarias tratan menos de gobernanza que de procesos para llegar a ser ingobernables».[1]

Richard Gilman Opalsky

Hemos hablado de varios problemas que enfrentamos que posiblemente se agravarán con el tiempo, tales como la crisis ecológica, la sequía energética o la desigualdad. También hemos hablado de muchas luchas que necesitamos concentrar para asegurar un futuro libre: el antifascismo, la lucha por la igualdad, contra el autoritarismo, por el progresismo de libertades personales, la lucha por la soberanía nacional, por el empoderamiento e igualdad de la mujer, contra la xenofobia y por la aceptación de la otredad. O somos pragmáticos o perdemos.

Alguna vez creí que el *status quo* se podía destruir desde arriba y desde adentro, pensando en una pirámide como el *status quo*. Cuando caiga en las manos de hombres libres de alguna nación, o incluso de regiones, esta pirámide se destruirá por los golpes desde adentro, desde arriba, desde abajo y desde afuera. Los avances institucionales son fundamentales, pero no bastan ya para tener un cambio material en la sociedad dirigido a dar más libertades y poderes a la masa de personas, pues es imperativa la responsabilidad de cada persona para poder construir un futuro libertario.

Los países menos influidos por los imperios y sus instituciones son el área perfecta para comenzar los cambios de empoderamiento del mundo. Aquí habría menos posibilidades de fuertes represalias contra el país por sus propuestas populares. Aunque el mundo esté ya muy globalizado y lo caracterice su interdependencia hay que recordar que la tendencia va hoy en su contra. Aunque no vaya a desaparecer ni la interdependencia ni la cooperación, se espera que las soberanías sean más respetadas. Una excelente manera de blindarse contra intervenciones extranjeras es teniendo un fuerte respaldo popular. Un ejemplo, no tan idóneo, es el de Hugo Chávez en el 2002, quien hubiese caído ante el golpe de Estado apoyado por Estados Unidos de no ser por el pronunciamiento popular a su favor. Otro es el ejemplo de cómo los ciudadanos turcos frustraron un golpe de Estado en contra del dictador Erdogan en 2016.

Karl Polanyi también nos da una advertencia en cuanto a las radicales transformaciones. La gente necesita sentirse en ambientes familiares normalmente. En los tiempos anteriores, durante la Revolución Industrial, la burguesía introdujo importantes y rápidos en la sociedad a costa de la seguridad de millones de personas. Aunque la libertad prime como valor ante la seguridad, no hay que olvidar la importancia de la seguridad para la construcción de sociedades.

Hay que ser pragmáticos

«Nuestra dificultad para encontrar las formas de lucha adecuadas, ¿no proviene de que ignoramos todavía en qué consiste el poder?».

Michel Foucault

No hay que ser estrictos en los medios. Quizás los anarquistas del siglo XIX fallaron por su desprecio hacia los políticos, pues no comprendían que todos somos políticos, y no solo aquel que ejerce poder desde el Estado, porque hasta en la Segunda República Española había alcaldes anarquistas. Hay que tomar las instituciones con medios democráticos si es posible y a la vez mantener un movimiento fuerte en las calles. Las ideas tienen más que aprender de los movimientos sociales que los movimientos sociales de las ideas.

Algo que ha arruinado a la izquierda es su falta de unión. Incluso en lo que podría ser llamado su mayor triunfo, al final la izquierda quedó dividida, pues se hizo solo la autoritaria voluntad bolchevique ignorando a quienes difirieron con ellos.

El mejor contexto para la izquierda es cuando se encuentra unida y la derecha separada. Pudimos ver este ejemplo en el 2018 y las elecciones en México cuando la centroizquierda socialdemócrata compitió contra una derecha visiblemente dividida. En el mismo año, la unión de izquierda también tuvo su logro en España, encabezado por Unidos Podemos y PSOE.

Pero hay un problema con estos últimos logros: «la izquierda que gana elecciones no es muy diferente a la derecha». Y muchas veces es cierto, pero tiene sus excepciones en Venezuela y Bolivia. El gran defecto de estos últimos dos ejemplos es el exacerbado estatismo y la falta de empoderamiento real de las personas. Los líderes del socialismo latinoamericano han terminado ahogando en restricciones a sus pueblos. Quizás para Bolivia no hay mejor político que Evo, pero Evo sí que puede ser mejor; Chávez también ahogó al país en estatismo y Maduro no logró conservar la sostenibilidad del régimen, pero esto es también una cuestión geopolítica. El imperio estadounidense dentro de sí mismo se mantiene estable solo por el enorme poder que aún tiene. Esa es la diferencia entre el dicho de que «el capitalismo es lo único que funciona; el socialismo ha probado ser insostenible». Esta idea es producto de la hegemonía capitalista y de la falta de profundización en el tema.

Una cosa es tener una lucha pragmática por causas y otra es luchar por el mero poder. También Zizek nos advierte sobre la revolución sin revolución. Es una cosa que muchos han olvidado o que quizás nunca consideraron: hacer lo que sea necesario para ganar no debe implicar el simplemente hacerlo por ganar. Zizek advierte en una de sus entrevistas que ante los cambios que estos tiempos nos exigen no debemos cerrarnos ante la idea de alianzas con las burguesías.[2]

No olvidemos el epígrafe de la sección Revolución y reformismo de este capítulo, en el que Engels muestra rechazo a la idea de abolir de tajo la propiedad privada: hacer la guerra total a la propiedad privada ha comprobado ser la receta para la tiranía y la pobreza.

El pragmatismo no nos debe alejar de las causas, pero algo que implica es que no podemos ser irresponsables con lo que hacemos y decimos, pues tienen consecuencias que pagaremos o de las que recogeremos frutos. Si queremos triunfar debemos tomar la responsabilidad que implica el camino a la victoria, y la responsabilidad aun mayor que implica la victoria.

Ecologismo libertario

«No puedes comerte una tarta y después seguir teniéndola».

El *Unabomber*

Un peligro que se nos avecina es que la gente rica llegue a ser la única capaz de acceder a los recursos necesarios para una vida digna tras una crisis ecológica, energética o económica. Cuando vemos el estado degenerativo de la Tierra nos sorprende un poco que parece que la gente más poderosa del planeta ignora el tema. ¿Por qué las naciones y las empresas más poderosas hacen cosas tan poco significativas para combatir al cambio climático o la contaminación? ¿En qué piensan los que deliberadamente hacen cosas que saben que dañarán al ambiente? ¿En qué piensa esa compañía petrolera? ¿O esa que tira sus desechos al río? ¿O la que poco hace por el adecuado almacenaje de sus desechos? La verdad es que hacer algo significativo sí es difícil, en especial cuando se afecta a empresarios a quienes les dolerá ceder ante normas ambientales.

También es cierto que a muchos no les importa en absoluto. Trump, por ejemplo, es reacio a aceptar la crisis ambiental que ya se vislumbra. También existen citas de empresarios expresando su desinterés y desprecio hacia las personas comunes y su futuro. Por ejemplo: *«Sé exactamente lo que mi compañía está haciendo y la devastación que está causando a miles de vidas. [...] He decidido que quiero un estilo de vida chapado en oro, las ventajas, jets y casas que eso conlleva y haré lo que sea -doblar la ley, "remover" gente, sobornar a oficiales del gobierno local- para conseguir lo que quiero [...] No estoy bajo la ilusión de que algún día no tendré que pagar el precio».*[3]

Es cierto que no todos los del 1 % tienen esa mentalidad. Un claro ejemplo es de aquellos que apoyan el desarrollo de tecnologías que mitigan los destructivos efectos de la sobreexplotación de recursos primarios, aunque muchas veces se lleven sus tajadas como privilegio y sean en nombre del ecologismo.

La superación del paradigma productivista es fundamental para el futuro del mundo y no se superará mientras a los que les resulte útil sigan en el poder, pero que también se quede en nuestra mente: en la naturaleza nada se desperdicia y nuestra producción debe imitarla.

Tecnología, automatización y renta básica

«El peligro del progreso tecnológico radica en que lo guíe el capitalismo; implica que la inevitable automatización de la vida sea a costa del ecocidio y del grueso de la población mundial, por eso la automatización debe ser guiada por una humanidad igualmente empoderada».

La automatización de la producción y de los servicios es inevitable. Esto por sí mismo no significa nada terrible. Economistas del siglo XIX despreciaban el ludismo argumentando que siempre aparecerían nuevos trabajos a los cuales irían los desplazados por las máquinas. Esto parece cada vez más difícil, pero puede seguir siendo cierto. ¿Pero a qué clase de fuente de ingresos se podría degenerar a una humanidad sumida en la necesidad? ¿Venta de órganos, células madre y sangre para mantener joven a una élite propietaria de los órganos automatizados de la sociedad? Puede que en el futuro se haga realidad el rumor falso de una carnicería de carne humana, en la que supuestamente se hará un contrato para ceder la carne después de la muerte.[4]

Una solución que se plantea al futuro desempleo que se viene es la institucionalización de la Renta Básica Universal, una cantidad de dinero que se dará indiscriminadamente a la población equivalente al mínimo necesario (o algo más) para sobrevivir en la nación.

Es una propuesta sumamente criticada principalmente por los sectores conservadores de la política quienes no salen de su dogmatismo de que «los programas sociales no sirven». Esta idea nace del caso de sistema *Speenhamland*. En esta zona inglesa desde el fin del siglo XVIII hasta entrado ya el siglo XIX se instauró una forma de ayuda social que resultó exitosa, aunque fue culpada de una baja en la productividad. Se trataba de un subsidio a los trabajadores cuyo salario era insuficiente para la subsistencia y este subsidio estaba determinado por el precio del pan, para compensar con el subsidio la diferencia entre el salario y la canasta mínima de pan. Un informe sobre las relaciones del programa con la disminución de la productividad en las zonas donde se implementó es el ejemplo perfecto de cómo el poder crea verdades. Resulta un informe cargado de sesgo clasista, metodología errónea, basado en opiniones de sacerdotes y patrones que concluyen que el programa social estaba arruinando la economía porque incentivaba la pereza. En tiempos recientes se ha descubierto que la alegada disminución de la productividad y el aumento de los vicios sociales a causa del subsidio.[5]

Hay suficientes argumentos para convencernos de los beneficios y funcionalidad de una Renta Básica Universal. Sin embargo, esto sería una mera forma de subsidiar indirectamente a los ricos, además de que podría terminar empobreciendo a la población con inflación. El hecho de que el gobierno pague ciertos programas sociales ya es una forma de subsidiar al sistema que da salarios insuficientes a las personas, por esto me evitaré repetir las muchas defensas que ya se han formulado a favor de la Renta Básica Universal (recomiendo ampliamente *Utopía para realistas*, de Rutger Bregman, en el que también se exponen los defectos de la historiografía de *Speenhamland*).

Aunque el proyecto de Renta Básica Universal es un viable potenciador de la economía y es sumamente práctico por ser una forma de mantener satisfechos a los ciudadanos, no debemos perder de vista que es un proyecto para hacernos aún más dependientes de los gobiernos. Además, es un subsidio al empresariado por medio del incentivo al consumo.

Megatendencias tecnológicas

Hay países globalizadores y países globalizados. Esta tendencia podría continuar mientras sea física y económicamente sostenible. Michio Kaku predice que los grandes perdedores serán las regiones que no logren aparejarse tecnológicamente con las más avanzadas.[6] Yo creo que los países globalizadores no quieren el progreso tecnológico en los países que dominan, sino que prefieren perpetuar el modo de exportación de las tecnologías mientras extraen e importan sus recursos naturales y su trabajo. Está aquí el factor del neocolonialismo y la fuga de cerebros.

Algo a lo que tendemos es hacia una automatización de casi cada parte de la vida pública, el trabajo y las grandes propiedades privadas. Esto podría ser, si seguimos el curso por el que estamos yendo, solo en detrimento de las clases trabajadoras y dándole más poder a los dueños de las máquinas, por esto es necesario ya crear sociedades donde las cooperativas puedan competir con corporaciones. Al final, es deseable que toda corporación sea sacada del juego y en la práctica podrán verse reemplazadas con grandes cooperativas automatizadas.

La impresora 3D: La transformación de la división del trabajo

«En efecto, a partir del momento en que comienza a dividirse el trabajo, cada cual se mueve en un determinado círculo exclusivo de actividades que le es impuesto y del que no puede salirse; el hombre es cazador, pescador, pastor o crítico y no tiene más remedio que seguirlo siendo si no quiere verse privado de los medios de vida; al paso que en la sociedad comunista, donde cada individuo no tiene acotado un círculo exclusivo de actividades, sino que puede desarrollar sus aptitudes en la rama que mejor le parezca, la sociedad se encarga de regular la producción general con lo que hace cabalmente posible que yo pueda dedicarme hoy a esto *y mañana a* aquello, *que pueda por la mañana cazar, por la tarde pescar y por la noche apacentar el ganado, y después de comer, si me place, dedicarme a criticar, sin necesidad de ser exclusivamente cazador, pescador, pastor o crítico, según los casos».*[7]

Karl Marx

No se trata de demonizar la división del trabajo, sino de exponer cómo la impresora 3D puede devolver algo de autonomía personal que el excesivo mercado quita muchas veces a las personas.

Este invento es un gran avance tecnológico, pues su lógica no tiene límites. Posiblemente en un futuro nos permitirá hacernos de lo que queramos individualmente: tal o cual refacción, quizás algún platillo, tal vez aparatos enteros… parece tener aplicaciones casi ilimitadas. Las impresoras que ya hay son útiles y facilitan la vida de las personas, por ejemplo, las maquetas de arquitectura pueden imprimirse, incluso casas habitacionales enteras -sí, casas en las que se puede vivir-.

La utilidad de este invento es que nos puede ayudar a devolver a las personas la autonomía que fue destruida en el siglo XIX para imponer el sistema industrial y el trabajo asalariado. Es accesible para las clases medias y se hacen gradualmente más baratas. Se debe, a su vez, buscar que las clases bajas, principalmente de los países subdesarrollados, tengan espacios comunes para el uso de impresoras 3D.

La división del trabajo ahora se orientaría a la producción de materiales y planos de la impresión, y su uso generalizado transformaría radicalmente a los mercados.[8] El problema es que quizás no haya suficientes recursos para que la impresión en 3D transforme radicalmente la vida diaria.

Mercado, tecnología y energía

Las sociedades siempre se han protegido del mercado, pues al ser una institución que aumenta el dinamismo de la sociedad y tener una lógica propia adversa a las costumbres precapitalistas, llega a introducir cambios bruscos en las formas de vida de las personas. El orden racionalista, cuyo precursor es la expansión del mercado en la baja edad media, termina destruyendo las costumbres anteriores e impone una lógica de aumento de las ganancias. La dinámica de la competencia requiere de agentes que luchen por la máxima eficiencia productiva, y esta sólo puede alcanzarse con un aumento en el uso de la energía. Esta lógica de aumento de energía no es inherente al capitalismo, pues también ha sido necesitada por el socialismo.

Este aumento de energía termina moldeando incluso los espacios en los que la gente vivía. Antes las personas no vivían a dos horas de trayecto motorizado de sus lugares de trabajo o estudio como en la Ciudad de México, en cuya lucha por el tiempo, los conductores terminan atrasándose entre sí. Solo el aumento en el uso de energía hizo posibles y tolerables estas condiciones.[9]

Estas condiciones no bastan para hacer un alegato en contra de la modernidad. Debe tomarse como un campo de oportunidad, cuya solución final no será la total mercantilización, sino la disminución de la necesidad de relaciones de mercado en las vidas diarias. Esto tampoco debe entenderse como un signo de enemistad hacia el comercio, cuya lógica puede ayudar al desarrollo de instrumentos que harán que la vida económica y la vida diaria coincidan nuevamente. ¿Cómo sería esto? ¿No coinciden ya? ¿Pueden coincidir alguna vez? Estas pueden ser las preguntas que aparezcan al hablar de repetir la coincidencia entre sociedad y economía.

Para adentrarnos al camino que nos ofrecerá la respuesta, repasaremos un poco el curso de la economía, principalmente en el desarrollo de sus ideas. La economía no aparece propiamente hasta 1776 con *La riqueza de las naciones* de Adam Smith, gracias a precursores por parte de las corrientes mercantilistas y la escuela fisiócrata. Aun así, hay nociones descriptivas de cuestiones más o menos triviales de la administración de los recursos por parte de Jenofonte. Por otro lado, Aristóteles y Platón muestran cierta aversión al comercio, pues desprecian el dinero, Aristóteles reprueba el cobro de intereses y Platón propone una sociedad de castas en la que los comerciantes quedan en los estratos ínfimos. Después, poco o nada se reflexiona de la economía durante el tiempo que siguió; ni siquiera en Roma, donde su vocación de saqueo resultó inútil cuando no quedaban lugares por saquear.

Los años oscuros que siguieron tampoco desarrollaron ideas económicas, pues la asignación de recursos se basaba en relaciones estamentales y jerárquicas; no podía aparecer la teoría del salario, del interés o de la ganancia, pues en principio el uso de las monedas era escaso, por lo que no podía aparecer la contabilidad. Eso lo resolvió el retorno del dinero a la vida diaria, pues el comercio se fue abriendo paso en una sociedad que lo demonizaba.

Posteriormente los mercantilistas tratan de explicar el origen de la riqueza y cómo incrementarla. Llegan a la conclusión de que era necesario tener cada vez más metálico, pues esa era la riqueza; entonces se promovía la exportación y se combatía la importación. Conforme el mercado fue expandiéndose, el trabajo fue saliendo de los hogares a ser intercambiados por salario, en vez de reproducir la vida con los recursos familiares y del entorno. Entonces hay cada vez más fertilidad para desarrollar explicaciones económicas: salarios, el valor del trabajo, el valor de las mercancías, la teoría del interés, de las preferencias, etc. Esto es lo más importante: conforme aparece la manera de contabilizar los recursos, aparecía el estudio de los recursos, al mismo tiempo que las vidas de las personas quedaban dislocadas por el mercado. ¿El retorno al hogar y la decadencia de relaciones salariales harán que el campo de los recursos deje de desestabilizar la vida diaria de las personas? Quizá, al menos, un poco. Puede que se llegue a un futuro en el que las personas puedan abstenerse de las inestabilidades y las incertidumbres inherentes a la sociedad de mercado por medio de la tecnología y no del autoritarismo.

Pero para esto se requiere de al menos un factor fundamental y otros auxiliares. Primero necesita haber un grado tecnológico que permita la producción hogareña de la mayoría de las cosas que las personas necesitan. Para llegar ahí sin hacernos esclavos del Estado, máquinas o de tiranos privados, no puede permitirse que el Estado dirija ese proceso de automatización de la vida diaria, ni algún monopolio privado. Aun así, el Estado ha sido bueno para desarrollar tecnologías por medio de investigación y desarrollo. Por ejemplo, el internet es un invento del gobierno estadounidense, pero no por eso es dirigido por el gobierno. Además, cuando sea posible equipar a parte suficiente de la sociedad como para trastocar al sistema mismo, puede que haya también grado suficiente de automatización para tener a cierta masa de desempleados permanentes. Estas personas podrían verse sin ingresos por mucho tiempo en un proceso como el que describo, creando condiciones para poner tronos a tiranos. Para evitar esto, el proceso requería de unidades productivas cooperativizadas, para que, una vez llegada la automatización, los trabajadores no se vayan a la calle, sino a disfrutar cómodamente de sus rentas.

Son unas condiciones que no se ven cercanas al futuro, pero que ya van esbozándose. Mientras tanto, las acciones deben orientarse a la resolución de las cuestiones reales, en vez de orientarse a una idea solamente.

La cuestión nacionalista

«La idea filosófica de comunidad no se refiere a las pequeñas patrias a las que dirigen la mirada nostálgicamente los viejos y nuevos comunitarismos. La comunidad no es una propiedad, una plenitud, un territorio que se debe defender y separar de los que no son parte tuya, sino un vacío, una deuda, un don (estos son los significados del munus*) en relación con los otros, que nos remite a la vez a nuestra constitutiva alteridad también respecto de nosotros mismos».*

Roberto Esposito

«Los términos izquierda y derecha son caducos. En el siglo XXI son globalistas y nacionalistas».

Alfredo Jalife Rahme

Las naciones existen, lo quieran los marxistas o no. Me encantaría ver a un marxista tratando de convencer a un desempleado blanco de 40 años en Estados Unidos de la necesidad de la «unidad proletaria internacional». Es una bonita idea, pero no es el siglo XX; eso no funciona, si es que alguna vez lo hizo. Ya desde la inmigración de chinos, los gringos comenzaban a ser antiinmigrantes.

Ley del poder número 13: *Cuando pida ayuda, no apele a la compasión o a la gratitud de la gente, sino a su egoísmo.* Y aquí falla de nuevo la izquierda tradicional.

La tendencia de la política internacional es clara: regionalización de poderes, aparición de bloques y una desglobalización económica. En Asia están los puntos influyentes de China e India; en Europa la decadente y moribunda UE, así como Rusia; en América tenemos principalmente a Estados Unidos: estos focos de poder se pelean por el control de Iberoamérica y África, pero la lección es que el nacionalismo ya triunfó en el mundo, y no como fanatismo segregacionista (no es lo mismo el nacionalismo blanco de los gringos al nacionalismo obradorista en México, así como es distinto el nacionalismo fascístico que brota en Europa). No es lo mismo estar en contra de la inmigración en Europa que en Estados Unidos y México. Por ejemplo, el gobierno mexicano, que es nacionalista, tiene políticas abiertas con los inmigrantes del sur, pero tiene un discurso que promueve la soberanía nacional, e irónicamente, los sentimientos contra los migrantes suelen ser de grupos derechistas y funcionales a los regímenes entreguistas anteriores.[10]

Nacionalismo en el globo

Hay que aprovechar la tendencia nacionalista, como buena izquierda que hemos de ser, y retomemos la postura de Jalife: izquierda y derecha son conceptos obsoletos. Incluso con la disyuntiva globalista-nacionalista, ¿ya no es válido hablar de izquierdas y derechas? Aún es válido, porque representan una división de valores y consideraciones sobre la igualdad que todavía existen. Por otro lado, es cierto que decirse de un lado u otro ha ido perdiendo importancia. Se lee y escucha usualmente que es poco ya lo que divide a la izquierda y a la derecha en los gobiernos del mundo. Una abogada alguna vez dijo que la izquierda que gana elecciones es lo mismo que la derecha. ¿Es verdad? Casi siempre.

La interdependencia entre las naciones y las jaulas geopolíticas que generan hacen rara vez posible el empoderamiento popular o el detrimento del poder de las élites, sean políticas o económicas. Eso también lo tenemos que tomar siempre en cuenta, pues es significativo más que nada para la izquierda. Lo correcto en la frase de Jalife sería decir que la izquierda es el término caduco, pues, aunque la izquierda tenga ínfima influencia, es claro que es un régimen verticalista, justificado y acorde a las históricas ideas derechistas el que domina al mundo desde las cúpulas y por medio de las jaulas.

Globalismo y coronavirus

El coronavirus no solo ha llegado para reforzar la idea de que debemos entregarnos al Leviatán «por nuestro propio bien», sino para fortalecer al nacionalismo en algunas partes, como Estados Unidos, y para fortificar a la OMS, la sección sanitaria de la ONU. Los funcionarios de la OMS seguramente están encantados con su acrecentada importancia y sus presupuestos. Los burócratas han sido personas que han aspirado a esparcir sus funciones y presupuestos; justamente de esta tendencia nació la guerra global contra las drogas, para expandir la burocracia nacida con los controles de las drogas.

Dicho esto, ¿podría sorprendernos en realidad que el coronavirus sea algo más que un golpe de suerte para que aceptemos estados de excepción y eventualmente propagar burocracias supranacionales? Bill Gates ya plantea el uso de unos «certificados de salud» para combatir la salud. Todo esto tiene una extraña apariencia, pues Gates también ha sido uno de los principales donantes a la OMS para «buscar vacunas». ¿Qué empresas privadas se beneficiarán de esto? ¿Algún nuevo producto monopolizado por la propiedad intelectual saldrá de aquí sin que lo sepamos?

Desde el fin de la Segunda Guerra Mundial se viene configurando una suerte de gobierno mundial con la ONU (que empezó siendo un espacio de diálogo internacional), la propuesta de Keynes de un banco central mundial; después la conformación de la Unión Europea (cuya burocracia propuso fallidamente una «constitución europea»), el Mercosur, etcétera.

¿Será que el miedo es tan grande para aceptar no solo más control por parte de nuestros gobiernos, sino por parte de burocracias sin patria? Los que conspiran para fundar un gobierno mundial son los más importantes enemigos de la libertad en estos días. Ellos no merecen ni un palmo de tierra concedida. Solo merecen que sus posiciones sean hechas añicos.

México y nacionalismo

Según cada contexto, uno debe invocar al nacionalismo con fines de proteger soberanías e intereses nacionales. Se debe evitar que represente conductas antisociales y conservadurismo. Aquí tomaré el ejemplo de Andrés Manuel López Obrador, quien es un nacionalista que tiende a la izquierda, pero ante la jaula política se ve restringido en sus maniobras.

En México se le ha comparado con Hugo Chávez, pero incluso si fuese así, debemos recordar que México está atrás de Estados Unidos, y Venezuela no, y eso comenzando por la mera cuestión geográfica. AMLO es nacionalista, pero ese nacionalismo jamás se ha traducido en xenofobia; se ha preocupado por defender el factor petrolero de la nación y, en general, mantener la soberanía de la nación. De hecho, así funciona el nacionalismo izquierdista: es una forma de antiimperialismo, de llamado a la soberanía.

AMLO tiene la oportunidad de demostrar que su gobierno no tiene nada que ver con lo que le acusan sus minúsculos opositores, fundamentalmente un dictador, como Chávez o Maduro.

El engaño populista

Si nos vamos a la historia de los populismos de derecha, como el de Uribe, el de Felipe Calderón, Ronald Reagan o el de Trump, encontramos que, aunque lleguen a llamar por una mejora en la vida de la generalidad, ya sea por medio del proteccionismo, una disminución de impuestos o un aumento a los presupuestos de policías, ese aumento de bienestar no pasa del discurso, pues solo descobijan a los ciudadanos ante las impías corporaciones y/o aumentan el poder del Estado. Por ejemplo, Reagan disminuyó los impuestos, pero se endeudó para aumentar el tamaño del Estado.

Hoy los políticos suelen mentar a las naciones, pero terminan siendo unos entreguistas. Enrique Peña Nieto, expresidente de México, defendió la privatización parcial del petróleo como un beneficio para la nación. Sin embargo, es entreguismo geopolítico. Shell tiene una relación profunda de compadrazgos con el *deep state* gringo y con diversos políticos a quienes les patrocina campañas, por ejemplo. No debemos pecar de inocentes y pensar que la reciente reforma energética en México no es en detrimento de la soberanía nacional.

Globalismo e imperialismo

Podemos tener intenciones libertarias, pero si cada nación quiere proteger la libertad y bienestar de sus habitantes no lo harán siendo concesivas con los enemigos de la libertad. Al imperio estadounidense, y a todo imperio en general, no se le ganará abriéndole las puertas so pretexto de la libertad.

Algo que cualquier país que desee mantener la soberanía y el bienestar de su pueblo debe planificar en torno al desarrollo tecnológico. Los países pueden dividirse en globalizados y globalizadores. Los globalizadores ejercen influencias indirectas por medio de sus corporaciones en las naciones, o simplemente los actores empresariales ejercerán acciones desestabilizadoras en los países.

Está también la cuestión de cómo la globalización es económica y financiera, diferenciándose entre ellas; esta última es la más peligrosa para los países, pues es lo que los hace más vulnerables a acciones desestabilizadoras, como por ejemplo la crisis malaya de comienzo del siglo o el miércoles negro de 1992.

Aunque la globalización económica pueda terminar en detrimento de soberanías, el obsesionarse con su freno sería un daño a un consumidor que está ya en un mundo interdependiente. Sin duda, según el juicio y el contexto permitiría detener tal o cual sector económico, como la privatización petrolera, por ejemplo. Pero no sería solamente restringir por meramente restringir dogmatismos antiglobalistas.

Dialéctica de los pueblos

He escuchado muchas veces: «La lucha no es de naciones, es de clases».

Es una postura excesivamente idealista e impráctica. Si algo debemos rescatar de las predicciones del mundo postsoviéticas es la idea del choque de civilizaciones, propuesto y desarrollado por Samuel Huntington. Estas ideas confluyen con la tendencia desglobalizadora y regionalizadora de la economía mundial.

Si algo dificulta el funcionamiento de la UE, y de hecho determina su inminente desaparición, es la presencia de diferentes culturas, empezando por el idioma. El idioma en este caso es algo muy relevante, pues en sus momentos de crisis no se han podido levantar rápidamente por esa misma diferencia que hay entre ellos: español, alemán, francés e inglés, por mencionar los más relevantes.

Pero ¿qué tiene que ver el idioma? Su moneda hace que la economía de los países de la eurozona funcione como la de una economía de tipo de cambio fijo, en este caso el euro. Además, no pueden los países tener políticas monetarias propias. En los momentos de crisis, el desempleo ha llegado a ser bastante alto, situación que, en teoría, pudo haber sido resuelta por la migración en la eurozona a lugares donde hubiese empleos disponibles, pero eso no es posible principalmente por la frontera que representa el idioma, pasando después por el arraigo de lo local, además del costo que implica transportarse.

Algo que también ejemplifica la dialéctica de los pueblos es lo explotable en votos que es para el conservadurismo el rechazo hacia la inmigración. Siempre es peligroso cuando a la otredad, sea nacional, racial, religiosa o de cualquier índole, se le trata con hostilidad. Es un síntoma fascístico que, aunque uno luche y reivindique la soberanía nacional, debe evitar a toda costa para tener un futuro acorde con la visión progresista, internacionalista e incluyente que ha caracterizado a la izquierda.

Instituciones alternativas

> **Institución:** *Grupo social reconocido como regulador de algún aspecto de la vida colectiva. «La institución familiar está en crisis; la escuela debe ser una institución justa y solidaria»* (ejemplo).
>
> Definición, según Google

La escuela conduce a la institucionalización de la sociedad: nos acostumbra a la regulación y planificación desde poderes por encima del hombre común. Siendo así, la desinstitucionalización de la educación nos ha de conducir a la desinstitucionalización de la sociedad.[11] Y aunque esto nos aseguraría una sociedad más libre, o al menos con menor control sobre la población, hay que asegurarnos de construir instituciones alternativas, o alternativas a las instituciones.

En la posición de la escuela, se tendrá que reemplazar con tramas de aprendizaje; ahí se tendría una alternativa a la institución escolar. Pero no es la escuela la única institución de control y dominio en el mundo. Caben aquí también instituciones como el Fondo Monetario Internacional, el Banco

Mundial, la ONU, las militares, las policiacas, las instituciones financieras privadas, la jerarquización empresarial, etcétera.

Amaestrar el poder: sobreviviendo en el globo

Las relaciones internacionales de gobiernos alternativos deben protegerse junto a otros gobiernos alternativos respetando su mutua soberanía y autodeterminación, esto fundamentalmente por cuestiones pragmáticas. Sea un país gobernado por una socialdemocracia o un «socialismo», deben intentar conservar sus posiciones de poder para mantener sus regímenes, pero estos ni siquiera son gobiernos alternativos. Por ejemplo, Rusia y China no son países que gobiernen novedosamente: no salen del esquema de explotar y dominar a una mayoría en beneficio de élites estatistas y sus patrocinadores. Pero son enemigos políticos de Estados Unidos, el mayor imperialista de la historia y uno de los grandes represores de los que han intentado hacer funcionar diferente a las sociedades.

Una nación puede buscar alianzas con Rusia o China o sus análogos históricos para protegerse de los grandes imperios que podrían llegar a ser tanto China como Rusia tras haber destronado a Estados Unidos.

Un ejemplo de estas relaciones internacionales de protección entre los gobiernos alternativos está en la primera década de este siglo. Tenemos a Bolivia, Cuba, Venezuela, Nicaragua, Paraguay, Ecuador, Argentina y Brasil con una formación regional formidable para protegerse y apoyarse entre sus mismos gobiernos izquierdistas. Fue un potente eje que promovió la cooperación entre países y la soberanía de cada país latinoamericano. Hugo Chávez promovió a la cooperación latina y dio gran inspiración con su concepto de revolución bolivariana.

En el futuro más cercano posible es necesario que se construyan organizaciones intergubernamentales que, en vez de hacer política imperialista, se enfoque en mantener cuidado en el ambiente. Se necesitaría el apoyo de naciones poderosas para reforzar el futuro de tales órganos. Aunque es más fácil que naciones pequeñas con pocas posibilidades de sufrir consecuencias graves por políticas libertarias, no faltarán países en buena posición que tengan otros gobiernos dispuestos a dar su respaldo.

Asociación Geprodis [12]

«El apartar al capital de la membresía es una de las principales características del plan».

James William Sidis

Les voy a contar una pequeña historia, la de James William Sidis. Él es presumiblemente la persona más inteligente de la historia con un estimado de más de 300 puntos de coeficiente intelectual. Hizo muchas cosas en su vida, pero ninguna particularmente recordada.

En sus ideas políticas, se mostraba como seguidor del liberalismo clásico. Escribió algunas cosas al respecto, pero sin ninguna aportación notable; simplemente respaldaba la necesidad de un Estado pequeño que no infligiese opresión tiránica en la sociedad.

190

En sus textos aborda y propone una manera de organizar al trabajo de manera común, similar a una cooperativa, pero apartándose de ciertas características de esta.

Se desmarca de la cooperativa diciendo que «no es una cooperativa en el sentido regular de la palabra. Los miembros no son contribuyentes, sino trabajadores. Aquellos que financian la organización se consideran meramente prestamistas y poseedores de notas, pero no por eso adquieren el voto o los privilegios de la membresía».

Uno se hace miembro solamente aportando con el propio trabajo y no se excluye de la participación a ningún miembro.

Para llegar a ser parte de esta forma de asociación, Sidis propone que no haya favoritismos para los aplicantes bajo ningún concepto. Si no hay espacio para el aplicante, entonces puede pasar a una lista de espera. No se espera que los «novicios» hagan contribuciones de dinero.

Sidis también menciona que las ganancias no deben ser divididas, sino ahorradas para tiempos de pérdidas. Se opone a que la asociación haga propaganda política de cualquier tipo. Sin embargo, no tiene por qué verse la propuesta de Sidis como una estricta guía.

Propiedad

Propiedad personal

La propiedad privada, como dijo Marx hace 150 años, está apartada del grueso de la población. Lo que tenemos la mayoría de las personas no es propiedad privada, como nos quieren mentir los intelectuales del sistema que se opone a reconocer este tipo de propiedad, cuya definición equivale en importancia discursiva a la definición de izquierdismo.

En pocas palabras, la propiedad personal es lo que nosotros ocupamos y trabajamos por nosotros mismos, sin capitalizar ni rentabilizar el trabajo del otro o la mera posesión de tal propiedad.

Este es la forma menos problemática de propiedad individual, pues el de la propiedad privada degenera en dominación y en el detrimento de la libertad de los, por así decirlo, capitalizados.

Cambiar a la sociedad hacia este modelo de propiedad tiene implicaciones de radical transformación, pues necesita de la retribución gradual de la riqueza malhabida para ser realizado.

El feudalismo era una relación entre hombres dueños de tierras y sus vasallos. El feudalismo se justificaba a sí mismo por el derecho divino y finalmente representaba el privilegio de unos hombres de tener grandes cantidades de tierra que serían trabajadas por hombres que se mantenían a su disposición y, por así decirlo, eran su propiedad.

Cuando analizamos esto nos damos cuenta de que la propiedad privada actual es una herencia del feudalismo.

Propiedad pública y común

Para el funcionamiento adecuado de la sociedad, empezando por el tránsito libre por las ciudades ya sea por automóviles, bicicletas o caminando, es necesario un espacio público, disponible para todos y que sea cooperativa o públicamente (por contribuciones de impuestos) mantenido.

En una propuesta realista, pensando en una república social libertaria, habría auténtica defensa de lo común estableciendo títulos de propiedad que incentiven la responsabilidad de los miembros de la comunidad titular. Aquí podrían caber los servicios energéticos, los espacios públicos como parques, carreteras, calles, y la promoción de una educación libertaria antiescolar, sin que haya dogmatismo que evite que algunas propiedades sean de un Estado activamente vigilado por sus ciudadanos.

Estaría la propiedad común, acordada como *común* al margen del Estado, como áreas recreativas. Uno podría pensar en prohibir eventualmente la propiedad privada para que nadie tenga la oportunidad de aventajarse ante los demás meramente por el hecho de tener propiedades, pero la experiencia económica nos dice que su existencia puede ser voluntaria, principalmente cuando un sujeto puede escoger entre el salario y otras opciones de ingreso (autoempleo, emprendimiento, compartir riesgos en cooperativas u otras inversiones). Aquel que se dogmatice con la idea de la abolición de la propiedad privada, que tome en cuenta lo que alguna vez Proudhon le escribió a Marx: «Preferiría quemar lentamente a la propiedad con un pequeño fuego que darle nueva fuerza provocando una Noche de San Bartolomé de los Propietarios…».

¿La precarización del futuro?

Tomemos como ejemplo a Uber, una innovación del transporte introducida y desarrollada con el trabajo de sus creadores. Creo que aquí es justo que Uber se quede con alguna suma por facilitarle una oportunidad de trabajo al conductor si este acepta voluntariamente a trabajar en su compañía, premiando la inventiva de los desarrolladores.

Esto ha obligado a grupos de taxis a innovar en sus propios servicios, creando aplicaciones parecidas, además de que hay ya competencias de servicios muy similares a Uber. Posiblemente se desarrollarían redes que hiciesen esta facilitación del trabajo sin cobrarle a sus conductores, cosa que queda en la responsabilidad de la sociedad. También podría ser que estas redes fuesen cooperativas o cooperativizadas. El futuro no está escrito en piedra.

Propiedad personal, individualismo y economía

Los economistas capitalistas no paran de cacarear que es el único sistema válido, pues es el único que le permite al individuo satisfacerse. Es el individualismo el que toman como instrumento de validez totalizante: se fundamentan en que, puesto que todos somos finalmente egoístas, no hay mejor dirigente del egoísmo que el capitalismo liberal.

Yo no difiero en que todos somos finalmente egoístas. Creo que Freud, y en general la tradición psicoanalítica, dejó claro que el hombre sí es egoísta, no en un modo necesariamente malo, pero sí de un hombre que en efecto tiende a buscar su propia realización. Esta aportación de la herencia freudiana ayuda a crear un nuevo espíritu capitalista[13] diferente al protestante del que Weber habla. Es un espíritu que conjuga al fundamentalismo de mercado y el individualismo de Adam Smith con la proliferación de formas de discursos individualistas del siglo XX, de las que la mayor es el psicoanálisis. Ese individualismo discursivo lleva incluso a la ruina a lo que fue la Nueva Izquierda apenas al nacer.

El individualismo discursivo lleva a la fragmentación de la izquierda en sus diferentes identidades, como negros, mujeres u homosexuales, y esto degenera en políticas identitarias. Como dice Mark Lilla en cuanto al contexto estadounidense: las políticas identitarias son reaganismo (individualismo) para progresistas.

Este espíritu fundamentado en la hegemonía de un discurso individualista atomizante de la sociedad termina generando lastres en la misma izquierda y, de hecho, le dificulta el terreno social para la lucha política.

Podemos deshacernos de esas formas de discursos, pero igual podemos, y es necesario, derrotarlos en su propio lenguaje, y a ello dedico este pequeño apartado: a derrotar el fundamentalismo que aspira a atomizar sociedades.

Los economistas ortodoxos maldicen a los sistemas colectivistas alegando que no hay interés en cuidar algo que es de todos. Podemos ir a un ejemplo de la revolución China, en el que el campo estatizado era impráctico y abundaban las hambrunas; hasta que unos campesinos acordaron entre ellos quedarse con los excedentes de las cosechas hubo progreso en la productividad. Este aumento de productividad llamó la atención de los estatistas y descubrieron que traicionaban la revolución.

Yo no creo que esto nos demuestre que «la propiedad colectiva está ligada al fracaso», como muchos economistas ortodoxos sostienen en unas u otras palabras. Lo que nos demuestra es lo impráctico, improductivo, corrupto e inútil que puede llegar a ser la intervención estatal que está ahí solo porque sí, sin un plan ligado directamente a la productividad.

Hay formas de intervención estatal que tienen objetivos de productividad y aumento de poder, como subsidiar ciertos sectores, invasiones o poner impuestos a competencias extranjeras. A las empresas estatales fallidas no pueden ser tomadas como un fracaso de la propiedad colectiva porque en todo caso esa empresa, aunque trabajado por los ciudadanos, no sería de ellos, sino del Estado.

Esto provoca una falta de incentivos, pues no se es dueño del producto de la labor, sino que pertenece el Estado. Sería iluso pensar que esta falta de incentivo no ocurre tampoco en la empresa privada, aunque supondría yo que por costumbre sería un desincentivo menor. Al final muchos trabajadores en el mundo son, como se expresaría Linguet desde el siglo XIX, esclavos de la necesidad.

Propiedad privada y derecho

«Una nube de actos humanos, no algún designio, provoca algo anónimo como la sintaxis, el dinero, el derecho, la ciencia o la sociedad misma».

Antonio Escohotado

Hay un importante debate en torno al derecho -que puede definirse como el cuerpo de principios y normas que regulan la conducta humana-. El antiestatismo derechista muchas veces se opone a los Derechos Humanos, clamando que solo están los derechos a la vida, a la libertad y a la propiedad privada, pues los derechos no son los que se otorgan, sino los que se ejercen. Algunos incluso reducen los derechos a uno: la libertad. Hayek critica los derechos humanos porque los considera un producto del colectivismo y creía que solo un Estado totalitario era capaz de hacerlos valer.

Según el credo liberal tradicional, los derechos son solo la vida, la libertad y la propiedad privada, en ese orden de importancia. Sobre la libertad, es necesario verle con sospecha, pues es una condición ligada al poder de cada persona y hay cosas todos los días que de una u otra manera coartan nuestras libertades. Ya se habló antes de este aspecto.

Por otro lado, sabemos ya que, aunque la vida es una condición inherente al hombre, no es lo mismo para la propiedad privada, pues son pocos en verdad quienes la poseen, siendo la propiedad personal el tipo de propiedad común para todas las personas. Sin embargo, es una forma de propiedad a la que cualquiera es capaz de aspirar, sin importar cosas como los estamentos sociales antiguos de sociedades de un acceso mucho más limitado que las actuales.

En este manifiesto proponemos una sociedad en la que las dos instituciones inherentemente autoritarias sufran detrimento, a saber, el Estado y la propiedad privada, en nombre de las libertades del hombre. Sin embargo, no hay que caer en un fanatismo que nos orille a tomar posturas irrealistas e irracionales contra estas instituciones, equivocándonos al negar lo concreto y práctico y cambiarlo por una idea que no puede ser realizada. Podemos conquistar el poder y la cultura llegando a ser capaces de mover a la sociedad en una dirección de debilitamiento del Estado y la propiedad privada.

En el camino, sin embargo, tendremos que estar acompañados de un Estado, lo más limitado y democratizado posible, para evitar tiranías. Además, creo que veremos lo siguiente: personas que, en su tendencia servil (tendencia que debemos combatir) o simple preferencia temporal, estarán dispuestos a recibir el cobijo de un propietario privado, en rechazo al autoempleo o a compartir riesgos en una cooperativa. Ahí veremos algo que ya tenemos que comprender: no puedes obligar al otro a ser libre. Prohibir la propiedad privada sería un ataque contra la libertad y solo podría complicar nuestra manera de producir los bienes que benefician a la sociedad.

En qué evolucione la cultura radica el que evolucione el derecho; no radica en un mandato.

La sociedad abierta y sus enemigos

«Seguiremos llamando sociedad cerrada a la sociedad mágica, tribal colectivista y sociedad abierta a aquella en que los individuos deben adoptar decisiones personales».

Karl Popper

De algo sí tengo certeza: la lucha es infinita. Nunca se tendrá un mundo perfecto y sin problemas. Y «perfecto» expresado en mis términos, pues la perfección existe de modo diferente en cada mente, si es que existe.

Muchos derechistas «liberales» se dicen defensores, así como el que fuese miembro de la sociedad Mont Pelerin, Karl Popper, de las sociedades abiertas. La verdad es que el capitalismo sí ha sido hasta el momento el mayor ejemplo de sociedad abierta, aunque siga teniendo numerosos elementos de una sociedad de acceso limitado. Esta última es un tipo de sociedad en la que la movilidad social es poca, así como el acceso a las libertades en contraposición a la sociedad abierta.

Una sociedad abierta es, según lo que se suele enseñar en clases universitarias, fundamentalmente una sociedad con movilidad de clases con Estado «democrático» (se iguala *democracia* a *representativismo*, como *paz* a *guerra* en el libro *1984*), crítica, diversa, y que, por medio de la representatividad, los ciudadanos controlan al gobierno. Quizás los países nórdicos sean las más abiertas sociedades del mundo en esos aspectos. Aún falta mucho para seguir moviéndonos a la sociedad abierta.

Occidente, que se dice democrático, pero tienen gobiernos autoritarios, *amiguistas*, vigilantes, represivos, antidemocráticos, etcétera; oriente es una región profundamente autoritaria y estatizada. Rusia, con ricos que antes eran altos funcionarios gubernamentales; China con su megaestado *amiguista* y vigilante, además de que ni siquiera adopta prácticas representativas; Medio Oriente con sociedades teocráticas, machistas y en guerra; África con gran pobreza, corrupción y dictadores.

Karl Popper nos advierte contra el comunismo, un falso redentor; contra el fascismo, un tribalismo que surge de las crisis políticas, pero defender al orden actual -hay excepciones- no puede equivaler a defender un orden de sociedad abierta, pues hay consolidadas castas políticas y empresariales que se encargan de la protección de las posiciones socioeconómicas más altas. Además, hay que insistir en la poca movilidad social de países como México.

Debemos ser defensores de las sociedades abiertas y para eso debemos tener claras dos cosas: quiénes son nuestros enemigos y que nos falta mucho trabajo en pro de la sociedad abierta. Lógicamente deben ser los primeros enemigos quienes formen parte del grupo de poder, los estatistas y los tiranos privados. Y no olvidemos a los otros enemigos menores, los exacerbados estatistas: los fascistas y los socialestatistas.

Revolución y reformismo

«¿Será posible suprimir de golpe la propiedad privada (de los medios de producción)? No, no será posible, del mismo modo que no se puede aumentar de golpe las fuerzas productivas existentes en la medida necesaria para crear una economía colectiva. Por eso, la revolución del proletariado, que se avecina según todos los indicios, solo podrá transformar paulatinamente la sociedad actual y acabará con la propiedad privada únicamente cuando haya creado la necesaria cantidad de medios de producción».

Principios del comunismo, Federico Engels (1847)

¿A qué me refiero por revolución? No hablo de organizar masas de gente en una nación para expropiar a los ricos y crear un Estado socialista. Eso es la vieja escuela y este siglo es el XXI, y lo aclaro porque muchos parecen haberse quedado en el siglo XX. Invocar esas movilizaciones que hicieron Lenin, Mao o Fidel Castro no fue para nada sencillo, pero hoy sería mucho más difícil pues los países son ahora mucho más interdependientes, no como la Unión Soviética que no tuvo afección ante la crisis de 1929. Tampoco hay una Unión Soviética cobijadora de la disidencia anticapitalista.

Es cierto que el reformismo nunca nos ha dado revolución, pero también es cierto que todas las revoluciones izquierdistas que perduraron degeneraron en nuevas formas de tiranía. El problema de los reformistas de la historia es que después se enajenan del pueblo, el que le da la fuerza en las urnas; todo lo que se ganó por la izquierda, se lo quitó la derecha.

Quedarse en reformismo hizo que los políticos en las cámaras se quedasen en esa idea, pensando en la falta de necesidad de revolución, y terminan en un medio camino al empoderamiento del grueso social. Nos ayudaron a tener condiciones más justas de trabajo y a conseguir seguridad social, pero para la derecha es muy sencillo destruir todo lo que construye la izquierda. El neoliberalismo es un ejemplo de cómo la derecha desmantela en detrimento de las personas un sistema que le daba ciertas facilidades, política que favorece a los empleadores.

Debemos evitar polarizar la cuestión en revolución-reformismo. Sabemos que hay reformas que para nada valen, así como reformas que generan cambios importantes en la sociedad, y también revoluciones con grandes triunfos, pero que terminaron en apenas reformismos sin cambiar de fondo las condiciones sociales existentes antes de la «revolución».

En las reformas con triunfos importantes podemos poner el ejemplo de Bolivia que, aunque lamentablemente ha degenerado en un estatismo indeseable, ha conseguido un progreso igualitario en su país que se ha mantenido constante, dándole más poder a las clases vulnerables. Hoy la pobreza en el país ronda el 34.6 %, cuando en el 2006, antes del triunfo de Evo Morales, la pobreza se estimaba en 59.9 % [14] esto manteniendo también la soberanía nacional y una representación «democrática» ejemplar, en comparación con otros países de la región.

En las revoluciones fracasadas podemos tomar como ejemplo la Revolución Mexicana, cuyo nombre escribo en mayúscula inicial solo por respeto a los héroes que ahí murieron, lamentablemente para tan poco. La Revolución Mexicana es una sucesión de luchas por el poder que inicia con una revuelta contra el autócrata más importante de la historia mexicana, Porfirio Díaz. Después de que este cae, asciende el reformista Francisco I. Madero con el apoyo del libertario Emiliano Zapata y Francisco Villa. Estos son los únicos de los que se puede decir que hicieron actividad revolucionaria en vez de solo insurrecta.

Cuando el reformista Madero es incapaz de mantener un gobierno estable y de cumplirle a los revolucionarios, sufre un golpe de Estado por parte del general Victoriano Huerta. Se unen contra él los revolucionarios y un grupo reformista encabezado por el gobernador Venustiano Carranza, así como su mano derecha, el general Álvaro Obregón. Derrotado el golpista, el grupo reformista y el grupo revolucionario luchan por el dominio del país. Finalmente triunfa el grupo reformista.

De esta victoria se crea la Constitución de 1917, la cual incluyó muchas leyes por las que lucharon los revolucionarios. Sin embargo, la mayoría no se hicieron patentes sino hasta 20 años después. Esta victoria del reformismo provocaría que por 70 años el país fuese gobernado por un solo partido, desde finales de los años 20 hasta el 2000. El Partido Hegemónico fue fundado en 1929 por Plutarco Elías Calles, quien fue la mano derecha de Obregón hasta su muerte en el año previo.

Por cosas como estas no hay que polarizar los modos de cambio en reformismo y revolución. Muchas revoluciones izquierdistas del siglo XX implicaron el desarrollo de un verticalismo y, si somos congruentes como izquierdistas, no podemos olvidar que ninguna forma de tiranía conduce a la igualdad y a la libertad. La cuestión no es «revolución o reformismo», sino cómo ganar.

Conclusión

La izquierda parece no estar a la altura de los tiempos actuales: está en deriva ideológica, es incapaz de hacer importantes logros políticos contra el capitalismo, no gana elecciones, no gana debates, usa discursos de hace, al menos, 50 años, se obsesionó con romantizar sus experiencias estatistas, tiene muchos militantes que prefieren el victimismo al fortalecimiento y ya no propone soluciones novedosas. Puede que, en el mundo de las ideas, haya claras excepciones de esto, pero en la política real está en evidente decadencia. Aun así, ¿de qué sirve que el área de política de las librerías esté dominada por la izquierda si la izquierda práctica está en modo agazapado, tímido y cerrado de mente?

Si queremos ganar, si en verdad aspiramos a crear una nueva sociedad, entonces debemos darnos cuenta del papel que esto implica y ponernos a su altura: despedazar los argumentos derechistas, humillar la economía ortodoxa, ridiculizar a los conservadores, dar nuevas propuestas para la sociedad, demostrar que *sí* hay alternativa al mundo en que vivimos, desde el modo de producción, los sistemas de propiedad, lo que sí es la democracia y hasta el *cómo* se libera la educación y el conocimiento, demostrar que somos sinceros en cuanto a los errores de la izquierda que nos precedió.

Y hacer todo eso es una labor titánica, pero también es la más importante de toda la historia porque, si logramos cumplir estas expectativas, determinaremos la historia de los miles de años que han de seguirnos. Está en nuestras manos realizar un mundo de igualdad jurídica y libertad entre los hombres y no podemos esperar un mundo perfecto, pero no por eso nos podemos permitir perder la determinación. Muchos nos han dicho durante toda la historia que no podemos, pero lo hemos llegado a lograr y lo volveremos a lograr; la revolución no será sencilla, pero sus frutos son tan importantes que no podemos abrumarnos ante nuestra responsabilidad histórica.

El capitalismo está siempre en crisis, por eso parece indestructible; siempre está reinventándose en sus prácticas y discursos. En cambio, la izquierda lleva décadas apelmazada y aferrada a su pasado. El florecimiento en Latinoamérica de la izquierda en el comienzo del siglo queda ensombrecido por las consecuencias catastróficas del estatismo venezolano, la corrupción del PT brasileño, la corrupción y ralentización argentina, la mediocridad de Bachelet, la deuda que dejó Correa y la brutalidad del régimen de Daniel Ortega. No es esta izquierda la que nos dará el triunfo, mucho menos la vieja izquierda del siglo XX.

La «Nueva Izquierda» ha hecho que quedemos mal parados ante el derechismo, pues ese movimiento muchas veces termina dividiendo y alejando a los votantes de izquierda. Además, la Nueva Izquierda no está a la altura de dar propuestas económicas novedosas más allá de ampliar las ayudas del Estado y las prestaciones laborales. Estas medidas ni siquiera son revolucionarias; hace mucho que en la política real del mundo no aparecen medidas estatales revolucionarias que sean novedosas. Lo más radical que ha sabido hacer la izquierda electa contra el capitalismo es expropiar algunas empresas.

Hay que alejarnos del estereotipo creado por la derecha de que el izquierdista suele ser alguien resentido y frágil. Si nos ofenden, los humillamos con humor. La ofensa no es inherente de la izquierda y la derecha también se molesta con expresiones progresistas y contra atentados a la propiedad capitalista. Para no aparentarnos resentidos, seamos estoicos e inexpugnables. El movimiento contra el capitalismo no es una venganza, es una lucha por el bien y la libertad común.

El movimiento es ahora o nunca. O sigue una edad de nacionalcapitalismos, que se podría conducir a una privatización de los gobiernos si no se aplasta a la derecha «libertaria», o aplastamos al capitalismo todos juntos. La unión hace la fuerza y, sin duda, serán los ideales de igualdad, libertad y propiedad personal lo que nos podría unir contra este mundo de dominio de clase, privilegios y estatismo.

¡Por la libertad! ¡Uníos!

Notas

Prefacio

1.- Jünger, E., & Pascual, A. P. S. (1988). *La emboscadura*. Barcelona. Tusquets.

¿Por qué Izquierda libertaria?

1.- Jünger, E., & Pascual, A. P. S. (1988). *La emboscadura*. Barcelona. Tusquets.

2.- Cada país ha tenido diferente movilidad social y la defensa más usual del capitalismo es que ha sacado a millones de la pobreza. La verdad es que esta movilidad social es más lenta de lo que sugiere aquel argumento. Véase: *¿Es el CAPITALISMO el mejor sistema posible? Spoiler:* ni de broma. (2019). *Retrieved from* https://www.youtube.com/watch?v=0AUUG11OP_Y

Capítulo 1:

1.- Rothbard, M. (2006). *For a new liberty*. 2da edición. Auburn Alabama. Ludwig von Mises Institute, p. 364.

2.- Jalife-Rahme, A. (2007). *Hacia la desglobalización*. 3ra edición. Mexico. Jorale, p.57.

3.- Vivas, Á. (2018). *El gran salto mortal de Mao (online)*. El mundo. Disponible en https://www.elmundo.es/cultura/literatura/2017/04/10/58eac266268e3e2e4d8b458b.html

4.- Guérin, Daniel. (2004) *Rosa Luxemburg y la espontaneidad revolucionaria*, Buenos Aires, Colección Utopía Libertaria, 2004.

5.- Nin, Andreu (1932). *Los Soviets: su origen, desarrollo y funciones*. Valencia, España. «Cuadernos de cultura LXV».

6.- Barría, C. (2018). *Tres claves del éxito económico del país que más crece en América del Sur* (*online*). BBC News Mundo. Disponible en https://www.bbc.com/mundo/noticias-41702389
7.- La sociedad comercial tiene como motivaciones principales a las prosaicas, a las mundanas, a las que simplemente hacen más llevadera a la vida terrenal. En cambio, la sociedad clerical-militar rinde culto al caudillo bélico y tiene motivaciones extramateriales. Por ejemplo, durante la revolución francesa la libertad fue endiosada y pasó de ser un criterio prosaico a uno sublime.

Capítulo 2:
1.- Gulistán. (1258).
2.- Kropotkin, P. (1922). *Las prisiones*. Buenos Aires.
3.- Nietzsche, F. y Sánchez Pascual, A. (2013). *La genealogía de la moral*. Madrid. Alianza Editorial.
4.- Freud, S., López-Ballesteros y de Torres, L. y Rey Ardid, R. (1995). *Tres ensayos sobre teoría sexual*. Madrid. Alianza, p.26.
5.- Freud, S. (2017). *Más allá del principio del placer/Beyond the pleasure principle*. [S.l.]: *CreateSpace Independent P*, pp. 4, 5.

Capítulo 3:
1.- Chomsky, N. y Foucault, M. (2006). *The Chomsky-Foucault debate*. New York. New Press.
2.- Kropotkin, P. (2000). *La moral anarquista*. El Cid Editor.
3.- Foucault, M. (1992). *El orden del discurso*. Buenos Aires. Imp. de los Buenos Aires.
4.- Marx, K. (1959). *El capital*, Tomo III. México.

Capítulo 4:

1.- Enlace para la prueba en español:
http://www.politiscales.net/es_ES/quiz/

2.- Enlace para la prueba (solo en inglés): https://8values.github.io/

3.- Muchas veces, sino todas, las personas más ricas del mundo se han hecho ricas por medio de diversos contubernios con sectores gubernamentales. De hecho, el mismo sistema de dinero de curso forzoso privilegia a los más ricos, pues les protege de potencial competencia al duplicar cada pocos años la cantidad de dinero en existencia.

4.-La idea inicial del cuadro fue del psicólogo Hans Eyseck usando estudios en Reino Unido que le dieron la idea de definir posiciones políticas respecto de las posturas permisivas. Nolan le da la forma final al cuadro. Véase: Hans Eysenck. *The psychology of politics*, 1954, y
https://web.archive.org/web/20080616110300/http://www.theadvocates.org/celebrities/david-nolan.html

5.- Sanz Casillas, J. (2018). *El origen histórico de la izquierda y la derecha política* (*online*). Disponible en:
https://www.abc.es/elecciones/elecciones-generales/abci-origen-historico-izquierda-y-derecha-politica-201606120158_noticia.html
(*accessed 3 Dec. 2018*).

6.- *Left and Right: The prospects for liberty* (1965) Murray Rothbard.

7.- Véase a Chomsky llamándole a Lenin un «desviado a la derecha»: https://www.youtube.com/watch?v=WsC0q3CO6lM

8.- Nin, A. (1987). *Los soviets*. Madrid. Revolución.

9.- O sea: ¿cómo podría alguien estar en contra de las libertades, tanto personales como económicas? Facilita una suerte de superioridad moral.

10.- Kaczynski, T. (2009). *Industrial society and its future*. Livermore, CA. *WingSpan Press*. Creo que, con sus obvias objeciones, esta afirmación es correcta.
11.- Gil Jiménez, P. (2018). *Teoría ética de Lévinas* (*online*). Filosofia.net. Disponible en http://www.filosofia.net/materiales/num/num22/levinas.htm

Capítulo 5:
1.- Aron, R. (2018). *La libertad, ¿liberal o libertaria?*. 1ra edición. Barcelona: Página Indómita.
2.- Marx, Engels, Karl, Friedrich. *El manifiesto comunista*. Akal.
3.- Chomsky, N. (2017). *Réquiem por el sueño americano*. 1ra edición.

Capítulo 6:

1.- Marx, Engels, Karl, Friedrich. *El manifiesto comunista*. Akal.

2.- Paráfrasis de Javier Milei en una entrevista en México en mayo del 2017. Fragmento de la entrevista:

https://www.facebook.com/MexicoLibertarioML/videos/1004194539734230/

3.- Stiglitz, J. (2017). *Cómo hacer que funcione la globalización*. 1ra edición. Ciudad de México: Debolsillo, p.97.

4.- Hay gente diciendo que las conquistas sociales son un mito: cosas como el aguinaldo o la jornada de 8 horas, así como otras regulaciones laborales. Respecto al aguinaldo se dice: «nadie te pagará más porque lo diga la ley, simplemente se divide el salario entre más fracciones». El problema aquí resulta cuando uno ve la evidencia: la precarización legal del trabajo en efecto tiene consecuencias en la precarización práctica del trabajo. Quitar ciertas regulaciones a los mercados laborales simplemente resulta en una mayor desprotección del empleado ante el empleador. Una prueba de esto es la decadencia del nivel de vida de la clase trabajadora estadounidense.

5.- *Do seed companies control GM crop research?* *Scientific American, (August 2009)*.

6.- *Who.int.* (2018). *Obesidad y sobrepeso (online)*. Disponible en https://www.who.int/es/news-room/fact-sheets/detail/obesity-and-overweight

7.- *Beyond economics and ecology: the radical thought of Ivan Illich.*

8.- Gellman, Barton; Poitras, Laura (June 6, 2013). *US intelligence mining data from nine U.S. internet companies in broad secret program. The Washington Post.*

9.- Manin, B. (2006). *Los principios del gobierno representativo*. 1ra edición. Alianza Editorial.

10.- Si desea ver más sobre los orígenes de la «antigua democracia» de manera audiovisual, véase https://www.youtube.com/watch?v=k8vVEbCquMw&t=273s. No olvide revisar los detalles históricos e investigar por su cuenta. Es notable aquí también la figura de Paine, uno de los padres fundadores, quien, por su parte en *Los derechos del hombre*, expone, con razonamientos correctos, la necesidad de un cuerpo representativo para mantener la democracia, pues a falta de este, las cosas serían más difíciles de administrar. La historia demostraría que las cosas no terminarían bien con representantes; en Estados Unidos las cosas serían peores, pues se mantuvo la esclavitud hasta 1865 y segregación hasta 100 años después. ¿En qué mente cabe decir que Estados Unidos tuvo una fundación liberal? Paine era de los únicos liberales entre los padres fundadores.

Capítulo 7:
1.- Este capítulo, en buena parte, está inspirado por la parte 4 del libro *Occupy world street* de Jackson Ross.
2.- Paul H. Ray and Sherry Ruth Anderson, *The cultural creatives*, New York. Harmony Books, 2000.

Capítulo 8:

1.- Engels, F. (2003). *Origen de la familia, la propiedad privada y el Estado, El*. Libro electrónico.

2.- Marx, Engels, Karl, Friedrich. *El manifiesto comunista*. Akal.

3.- Weber, Max. *La política como vocación*. Alianza Editorial, 2009. Traducción de Francisco Rubio Llorente, pp. 83-84.

4.- Bunge, M. (2004). *¿Tiene porvenir el socialismo?* Eudeba.

5.- Greene, R. and Elffers, J. (2012). *Las 48 leyes del poder*. Madrid. Espasa.

6.- Pannekoek, A. y Bricianer, S. (1978). *Pannekoek and the workers' councils*. Saint Louis, Mo. *Telos Press*.

7.- La hipocresía prosoviética es visible en el siguiente enlace: http://www.forocomunista.com/t18546-habia-huelgas-en-la-union-sovieticaestaban-prohibidas

8.- Nin, A. (1987). *Los soviets*. Madrid. Revolución.

9.- Rousseau, J. (2017). *El contrato social*. Madrid. Ediciones Akal.

10.- Véase para más información «El caso español» en *Razones para la anarquía* de Noam Chomsky.

11.- Hoy en España hay un sindicato que todavía se llama CNT. Sin embargo, hay una escisión en el anarcosindicalismo español.

12.- Gil Pecharromán, Julio (1997). *La Segunda República. Esperanzas y frustraciones*. Madrid. Historia 16, p.64.

13.- Jackson, Gabriel (1976). *La República Española y la Guerra Civil, 1931-1939*. (*The Spanish Republic and the Civil War*, 1931-1939. Princeton, 1965). Barcelona. Crítica, pp. 58-59.

14.- Gil Pecharromán, 1997, pp. 125-126.

15.- Véase la cita completa: *Tenemos el 50 % de la riqueza del mundo, pero solo el 6.3 % de su población. Esta disparidad es particularmente grande entre nosotros y los pueblos de Asia. En esta situación, no podemos evitar ser objeto de envidia y resentimiento. Nuestra verdadera tara en los tiempos que devienen es idear un patrón de relaciones que nos permitan conservar nuestra posición de* *disparidad sin ir en detrimento de nuestra seguridad nacional. Para hacerlo vamos a tener que dispensar de todo sentimentalismo y ensueño; y nuestra atención tendrá que ser concentrada siempre en nuestros objetivos nacionales inmediatos. No necesitamos engañarnos en que podemos pagar hoy el lujo del altruismo y la beneficencia. Al frente de esta situación estaríamos mejor prescindiendo de conceptos que hemos subrayado sobre nuestro pensar del Lejano Este. Deberíamos prescindir de la aspiración de «ser gustados» o de ser considerados el almacén del altruismo internacional de mentalidad alta. Deberíamos dejar de ponernos en la posición de los guardianes de nuestros hermanos y abstenernos de ofrecer consejos morales o ideológicos. Deberíamos dejar de hablar de vagos -y para el Lejano Este- e irrealistas objetivos como derechos humanos, mejora de calidad de vida y democratización. No está lejos el día en el que vamos a tener que asestar con rectos términos de poder. **Mientras menos nos veamos obstaculizados por ideas utópicas, mejor.** George Kennan, *Review of current trends, U.S. Foreign Policy, Policy Planning Staff*, p. 23. *Top Secret.* Incluido en el *U.S. Department of State, Foreign Relations of the United States*, 1948, vol. 1, part 2 (*Washington, DC: Government Printing Office*, 1976), 524-25; desclasificado el 17 de junio de 1974. La traducción es mía.

16.- Enlace al fragmento:
https://www.youtube.com/watch?v=gykK_Y87eHo

Capítulo 9:
1.- Marcos, M. 2018 (*online*). Sin embargo. Disponible en
https://www.sinembargo.mx/19-05-2018/3418503
2.- Scharff, C. (2020). Por qué tantas mujeres jóvenes no se
identifican con el término feminista. Consultado el 29 de abril de
2020, de https://www.bbc.com/mundo/noticias-47185833

Capítulo 10:
1.- Lilla, M. (2017). *The once and future liberal.* 1st ed.

Capítulo 11:
1.- Quiero que entres en pánico, que sientas el miedo que siento
todos los días: pide adolescente a todo el mundo | Periódico AM.
(2020). *Retrieved 16 April 2020, from*
https://www.am.com.mx/noticias/Quiero-que-entres-en-panico-que-
sientas-el-miedo-que-siento-todos-los-dias-pide-adolescente-a-todo-
el-mundo-20190129-0106.html
2.- Ayres, R. and Warr, B. (2009). *The economic growth engine.*
Cheltenham: Edward Elgar, p.189. Véase este contenido, así como
las páginas 67, 68 y 69 de *Occupy World Street* de Ross Jackson, que
fue donde encontré esta información originalmente. «Progreso
tecnológico» es fundamentalmente una etiqueta fuertemente
relacionada con el gran incremento de energía de, en este caso,
Estados Unidos.
3.- Jackson, R. (2012). *Occupy World Street.* 1st ed. White River
Junction: Chelsea Green P, pp.67-73.
4.- Illich, I. (1978). *El derecho al desempleo creador.* 1ra edición.
Cuernavaca. CIDOC Dossier.
5.- Kaczynski, T. (2009). *Industrial society and its future.*
Livermore, CA. *WingSpan Press.*

Capítulo 12:

1.- Böhm-Bawerk, E. (1959). *Capital and interest. South Holland, Ill. Libertarian Press.*

2.- *¿Por qué los* pubs *tomaron las riendas de la economía de Irlanda durante 6 meses? (2020). Retrieved 16 April 2020, from* https://www.bbc.com/mundo/noticias-40683332

Capítulo 13:

1.- Un análisis detallado de esto se halla en Castro, Edgardo, *Biopolítica: orígenes y derivas de un concepto.* Publicado en *Cuaderno de Trabajo #1 Biopolítica, gubernamentalidad, educación, seguridad.* III Coloquio Latinoamericano de Biopolítica, septiembre de 2011. Unipe, Buenos Aires.

2.- Ibid. Pág. 7.

3.- Véase la página del grupo:
https://www.facebook.com/escudo.identitario/?jazoest=26510011911711897100120768010275971128578984551731041071056955787351102909988101112551191136969727666100100122815865100121741156565547911648978385869812011884101845611310190579812049110811011199010012290828211189817473821031 03

4.- Véase:
https://www.bbc.com/mundo/noticias/2015/05/150529_finde_migracion_graficos_vj_aw

Capítulo 14:

1.- Referencia a la metáfora de Nietzsche.

2.- Véase capítulo 2.

Capítulo 15:

1.- De un ensayo escrito por Richard Gilman-Opalsky: *Marxism not Statism*. Enlace para una traducción hecha por el autor del libro: https://libermetamoderno.files.wordpress.com/2018/09/marxismo-no-es-estatismo-autonomistas-para-el-siglo-xx1.pdf

2.- Enlace a la entrevista: https://www.youtube.com/watch?v=CyHjCZr5O68

3.- Andrew Harvey, *The hope. A guide to sacred activism* (New York: Hay House, 2009), 1998.

4.- País, E. (2020). Ningún restaurante de Tokio sirve carne humana ni el canibalismo es legal en Japón. *Retrieved 16 April 2020, from* https://verne.elpais.com/verne/2017/11/29/mexico/1511912529_340134.html

5.- Bregman, R. (n.d.). *Utopía para realistas*. 1ra edición. Barcelona. Salamandra, pp.85, 86 y 87.

6.- Kaku, M. (2015). *La física del futuro*. Barcelona. Debolsillo.

7.- Marx, K. (1974). *La ideología alemana*. 5ta edición. Barcelona. Grijalbo, p.34.

8.- Oppenheimer, A. (2014). *Crear o morir. New York: Vintage.*

9.- Illich, I., & Brown, J. (2013). *Beyond economics and ecology: the radical thought of Ivan Illich*. 1st ed.

10.- Escribo estos renglones con ocasión de los escándalos mediáticos de las caravanas migrantes. Aunque hubo grandes muestras de solidaridad y aceptación con los migrantes, también se sacó parte importante del aporofóbico que vive en muchos mexicanos.

11.- Illich, I. (1985). *La sociedad desescolarizada*. 1ra edición. Barcelona. Planeta.

12.- Sidis, J. (n. d.). *Geprodis (online)*. Sidis.net. Disponible en https://www.sidis.net/gpcontents.htm

13.- Zaretsky, E. (2017). *Political Freud*. New York. *Columbia University Press.*

14.- La-razon.com. (2018). *Pobreza en Bolivia baja al nivel histórico de 36,4 % - La Razón* (*online*). Disponible en http://www.la-razon.com/economia/Pobreza-baja-nivel-historico-Bolivia_0_2913308675.html